Pfingstblätter
des Hansischen Geschichtsvereins.
Blatt I. 1905.

**Pfingstblätter
des Hansischen Geschichtsvereins.**
Blatt I. 1905.

Die
Hanse und England.

Ein hansisch-englischer Seekrieg
im 15. Jahrhundert.

Von

Walther Stein.

Zweiter unveränderter Abdruck.

Leipzig,
Verlag von Duncker & Humblot.
1905.

Unser Verein versammelt sich alljährlich in unmittelbarem Anschluß an das Pfingstfest. Es ist ein Brauch, den er mit nicht wenigen anderen Gesellschaften und Vereinigungen teilt. Die Tage, in denen die Frühlingspracht ihren Höhepunkt erreicht, laden ein zu solchem Beginnen. Aber unser Verein hat noch einen tieferen Grund, diese Übung zu pflegen. Bei den hansischen Vorfahren war die Pfingstzeit beliebt, wenn es galt, Tagfahrten anzusetzen und abzuhalten. Es ist natürlich, daß wir uns ihnen angeschlossen haben. Indem wir rasch und bequem die See- oder Landstadt, die uns jeweilig aufnimmt, erreichen, haben wir immer noch Zeit und Antrieb genug, der alten Ratssendeboten zu gedenken, die erst nach tage- und wochenlangen, mühe- und nicht selten gefahrvollen Fahrten am Tagungsorte zu gemeinsamer Arbeit zusammentreten konnten.

Hat so das Pfingstfest wie für die Altvordern so für unseren hansischen Geschichtsverein eine besondere Bedeutung gewonnen, so liegt es nahe, an dieses Fest auch die Neuerung anzuknüpfen, die mit diesem Hefte ins Leben tritt. Nicht wenige andere geschichtliche Vereine geben Neujahrsblätter heraus und haben dadurch das Band unter ihren Mitgliedern fester geknüpft und ihre Bestrebungen weiteren Kreisen nahe gebracht. Unser Verein beschreitet diesen Weg, indem er sich zum ersten Male mit einem „Pfingstblatte" an seine Mitglieder und an die Außenwelt wendet. In seinem Wesen soll das neue Unternehmen sich von den älteren ähnlicher Art nicht unterscheiden. Es soll wissenschaftlich ausgereifte, aber zugleich anziehende, einem weiteren Leserkreise zugängliche, im besten Sinne volkstümliche Darstellungen in regelmäßiger Folge in die Öffentlichkeit bringen. Der Vorstand hofft, dadurch der hansischen Geschichte neue Freunde zu gewinnen und Liebe und Eifer der alten neu zu beleben. Daß die Stellung unseres Volkes zur See in hohem Grade bedeutungsvoll ist für die Gestaltung seiner Geschicke, darüber kann ernstlich ein Zweifel nicht bestehen, ebensowenig darüber, daß geschichtliche Erkenntnis geeignet ist, das Verständnis für diese Tatsache zu vertiefen und zu verallgemeinern. In der Geschichte der Beziehungen unseres Volkes zum Meere steht aber die Geschichte der Hanse breit im Vordergrunde. Sie zur allgemein deutschen Seegeschichte zu erweitern kann allein das letzte, hohe Ziel unseres Vereines sein. Als einen der Wege, die zu diesem Ziele führen, wünscht der Vorstand die „Pfingstblätter" betrachtet zu sehen. Möchte sein Wunsch in Erfüllung gehen und möchten diese Blätter sich in den Kreisen des Vereins und darüber hinaus bald Freunde gewinnen.

I.

Unter dem Eindruck des neuen lebhaften Aufschwunges des deutschen Handels hat das Interesse der Gelehrten wie der Gebildeten überhaupt sich wieder der Geschichte des älteren deutschen Handels zugewandt. Es konnte nicht verborgen bleiben, daß die lange Periode der deutschen Geschichte vom 16. bis gegen die Mitte des 19. Jahrhunderts auf dem Gebiete des Handelslebens eine Zeit des Niederganges, des Tiefstandes und langsamer, mühevoller Wiederaufrichtung bedeutete. Was vorherging, was in den letzten Jahrhunderten des Mittelalters und noch im Zeitalter der Reformation von den Deutschen geleistet wurde im internationalen Handelsverkehr, erscheint um so bedeutender, als im Deutschen Reiche schon damals eine starke Zentralgewalt nicht mehr vorhanden war und darum auch der deutsche Handel damals bereits auf die Vorteile verzichten mußte, welche der Rückhalt an einer kräftigen, zentralisierten und auf das Gemeinwohl bedachten Staatsgewalt dem auf den ausländischen Handel gerichteten Unternehmertum gewähren kann.

Aber man war weit davon entfernt, sich durch das Fehlen einer starken Reichsregierung, welche die Interessen der Deutschen im Auslande zu schützen vermocht hätte, entmutigen zu lassen. Man suchte Ersatz zu schaffen für das, was das Reich infolge der Erlahmung der Königsgewalt nicht bot, und fand diesen Ersatz auf dem Wege der Organisation. Derjenige Stand, dessen Aufgabe die Pflege des Handels mit dem Auslande geworden war: die Städte, organisierte sich. Das geschah an der Stelle, wo die Handelsbeziehungen zum Auslande besonders mannigfaltig und regelmäßig waren, wo Seeschiffahrt und überseeischer Handel einander treiben und fördern konnten, wo endlich natürliche und historische Bedingungen die Bildung einer Assoziation in größerem

Umfange ermöglichten. In Norddeutschland, im Gebiete der großen Ströme der niederdeutschen Tiefebene, schlossen die deutschen Städte von Köln, Roermond und Nimwegen bis nach Reval und bis zur russischen Grenze sich zusammen zur Deutschen Hanse.

Der Zweck dieser Vereinigung war nach seiner wirtschaftlichen Seite die Pflege des Handels mit dem Auslande, nach seiner politischen die Vertretung der Handelsinteressen durch die Gesamtheit der zu ihr gehörigen Städte. Diese Vereinigung der Städte übernahm also die Pflichten, deren Erfüllung in anderen Ländern der obersten Staatsgewalt und dem Königtum oblag. Sie übernahm sie tatsächlich, in tatsächlicher Selbständigkeit neben dem Königtum, und übte sie auch rechtlich als eine autonome und unabhängige Macht. In ihren Handelsverträgen mit fremden Staaten, durch welche die Handelsbeziehungen zwischen hansischen und fremdländischen Untertanen geregelt wurden, erschienen das Deutsche Reich und der deutsche König weder als Vertragschließende noch als Garanten noch in irgendeiner Art von rechtlicher Beziehung zu der Gültigkeit oder Ungültigkeit des jeweiligen Vertragsinhalts.

Die Vorteile dieser Assoziation hat auch im Mittelalter schwerlich jemand ernstlich in Zweifel gezogen. Die deutschen Städte empfanden, was begreiflich war, bei manchen Gelegenheiten den Zwang der Organisation als drückend und lästig, vorübergehend auch als schädlich für eine einzelne Stadt. Im allgemeinen überwog aber die Meinung, daß die ganze Organisation ein kluges Werk der Väter sei, und daß man sie bewahren müsse, weil man sie nicht entbehren könne. Nicht wenige Städte, die früher abseits geblieben, sind der Hanse beigetreten wegen der offenkundigen Vorteile, die sie ihren Mitgliedern gewährte.

Noch einleuchtender erschien der Nutzen dieser Assoziation den Ausländern. Denn diese verspürten die Wirkung der hansischen Vereinigung in dem ganzen weiten Bereiche des Arbeitsfeldes der hansischen Kaufleute und Schiffer, an allen von dem großen Verkehr berührten Küsten des nördlichen und westlichen Europas. Wo der Ausländer, vor allem in der Ostsee und der Nordsee, zusammentraf mit den Hansen, fand er in ihnen nicht allein Angehörige einer einzelnen Stadt, sondern der großen hansischen Gemeinschaft, welche auch für den Einzelnen eintrat. In allen für den Handelsverkehr wichtigen Ländern Nordeuropas besaß die

Hanse ihre Niederlassungen, falls sie nicht, wie in Schweden wegen der sehr starken Beimischung deutscher Elemente in der Bevölkerung der Seestädte, vornehmlich in der der schwedischen Hauptstadt, den Fernhandel bis gegen das Ende des Mittelalters fast ohne auswärtige Konkurrenz vermittelte. Diese Niederlassungen boten Stütz- und Mittelpunkte für den Handel und die Fahrten der hansischen Kaufleute und Schiffer, und weil diese Niederlassungen nicht nur den Handel zwischen ihnen selbst und den deutschen Heimatstädten vermittelten, sondern auch untereinander in steter Verkehrsverbindung standen, traf der ausländische Kaufmann und Schiffer in dem weiten Handelsgebiet der Hanse sozusagen auf Schritt und Tritt auf einen Widerstand, wie ihn ein festes Handelssystem jedem, der außerhalb desselben steht, entgegenzusetzen pflegt. So begreift sich die Eifersucht und die Erbitterung der fremdländischen Kaufmannschaften, die oft genug gegenüber den Hansen zutage traten.

Auf der anderen Seite erweckten die Vorteile dieses hansischen Handelssystems mit seiner ausschließenden Tendenz bei den Ausländern auch den Wunsch, wenigstens an ihm teilzunehmen, solange sie es nicht zersprengen konnten. Es klingt befremdend, wenn zum Jahre 1379 berichtet wird, daß die englischen Kaufleute bei Verhandlungen in London die Gesandten der Hanse überraschten mit dem Antrage, die Engländer in den Bund und die Freiheit der Hanse aufzunehmen. So wenig der Gedanke dem Wesen der Hanse entsprach, so aussichtslos die Erfüllung dieses Wunsches war, er erklärte sich eben aus dem Bestreben, der für den Draußenstehenden empfindlichen Unbequemlichkeit des Druckes einer organisierten Gemeinschaft sich zu entledigen durch den Eintritt in dieselbe. Einer ähnlichen Erwägung entsprang eine spätere Äußerung der holländischen Städte. Auch diese haben niemals der deutschen Hanse angehört. Sie standen seit dem zweiten Jahrzehnt des 15. Jahrhunderts in einem sich rasch verschärfenden Gegensatz zu den Hansestädten. Mit Neid blickten sie auf die Vorteile, welche die Privilegien der Hanse im Auslande deren Kaufleuten gewährten. Im Jahre 1476 wurde daher in Leiden, der auf dem Gebiete der Tuchindustrie damals führenden Stadt in Holland und Seeland, der Wunsch ausgesprochen, man möge beim Könige von England dieselben Freiheiten zu erwirken suchen, welche die Hansen in England besaßen.

Nicht allein in dem britischen Inselreich konnte die vorteilhafte und bevorzugte Stellung der Hansen im Handelsleben auffallen. Auch in dem norwegischen Stapelplatz Bergen oder in Stockholm oder in Nowgorod war es im 15. Jahrhundert für die westeuropäischen Händler und Schiffer schwer oder gar unmöglich, gegen die Hansen aufzukommen. Allerdings erschien gerade in England die Rechtslage für die Hansen außerordentlich günstig. Einheimische und Fremde mochten die Hansen um die Privilegien beneiden, welche die englischen Könige ihnen verliehen hatten. Die Bevorzugung der Hansen kam hauptsächlich bei den Zöllen zum Ausdruck. Bei den gewöhnlichen Hafenzöllen, der Kustume, bezahlten die Hansen 3 Pfennige vom Pfund Sterling, wo die anderen Fremden und sogar die Engländer selbst 15 Pfennige entrichten mußten. Diese Begünstigung in Verbindung mit der Freiheit zum Verkehr im Innern des Landes und mit den einheimischen Gewerbetreibenden läßt den Wert und die Bedeutung begreifen, welche die Hanse ihren Verkehrsbeziehungen zu England beimaß.

Nicht weniger verständlich war es, daß die Gewährung so ansehnlicher Rechte an die Hanse auch dem englischen Handel einen Anspruch zu gewähren schien auf Berücksichtigung seiner Interessen im Gebiete der Hanse. Die Engländer bemühten sich, in den Ostseeländern festen Fuß zu fassen. Ihre Absichten waren vornehmlich gerichtet auf das Ordensland Preußen und die Stadt Danzig, die seit den ersten Jahrzehnten des 15. Jahrhunderts die anderen preußischen Handelsstädte zu überflügeln begann. Hier fanden die Engländer einen unmittelbaren Anschluß an den mächtigen Verkehr, der aus dem weiten polnischen Hinterlande die Weichsel abwärts zur Küste hinabströmte. Unter allen Seestädten der Ostsee wurde Danzig bald der größte Ausfuhrhafen für Getreide und Holz. Die Nordseeländer, die Niederlande und England, waren besonders in Teurungszeiten auf die Danziger Getreidezufuhr angewiesen. In Hungerjahren wie 1438 ließ der Mayor von London Getreide aus Danzig kommen. Wenn in Danzig die Getreideausfuhr verboten wird, heißt es ein Menschenalter später, erschallt das Geschrei davon mit der abfließenden Flut in Seeland. Von Danzig kam das meiste und beste Schiffsbaumaterial für die Nordseeländer, vielleicht mehr als die Tannenbestände des Oberrheins den Rhein hinab, die böhmischen Wälder die Elbe abwärts und das südliche Norwegen zusammengenommen liefern konnten. Für England war Preußen die wichtigste Bezugsquelle für Bogenholz, die berühmte und gefürchtete Waffe der englischen Schützen. Neben Asche, Teer und Pech standen in Danzig auch die wertvolleren Produkte der unermeßlichen polnisch-russischen Ebene, Wachs und Pelzwerk, in großer Fülle zur Ausfuhr bereit.

Die Engländer unternahmen den Versuch, sich in Preußen und Danzig festzusetzen. Bei der Ordensregierung fanden sie manche Förderung, mehr als bei den preußischen Städten selbst. Die Hochmeister des deutschen Ordens hielten auch im 15. Jahrhundert fest an den alten Beziehungen zu den Regentenhäusern des Westens, teils aus politischen Gründen, teils wegen der Besitzungen des Ordens in den Ländern jener Fürsten. Die englischen Kaufleute in Preußen erhielten Korporationsrechte, an ihrer Spitze stand ein Alderman, sie erwarben ein eigenes Haus in Danzig für die Zwecke ihrer landsmannschaftlichen Geselligkeit, Rechtspflege und Handelsinteressen.

Gleichwohl fehlte viel zur Sicherheit dieser mühsam errungenen Stellung. Die Voraussetzungen der Dauer ihres Bestandes waren ein freiwilliges oder auch unfreiwilliges Einverständnis der Hanse mit dieser Festsetzung der Engländer an der Ostseeküste, und sodann eine gewisse Stetigkeit der englischen Politik, die einsichtig und geduldig die handelspolitischen Schwierigkeiten im Osten zu überwinden gestrebt hätte. Für den englischen Handel in der Ostsee wurde es verhängnisvoll, daß diese beiden Voraussetzungen nicht zutrafen.

In unseren Tagen bemüht man sich, das Interesse für die älteren politischen Beziehungen zwischen England und Deutschland wieder aufzuwecken. Das Verständnis für diesen Teil unserer Geschichte wird nicht allein dadurch erschwert, daß die Gesichtspunkte einer gesamt- und territorialstaatlichen Politik sich oft nur undeutlich abheben von denen der Handelspolitik, sondern es fällt auch sogleich in die Augen, daß durch die Jahrhunderte hindurch die Beziehungen beider Länder, wiewohl nicht immer friedlich, doch fast stets unkriegerische gewesen sind.

Beide Mächte trennt das Meer. Aber auf der deutschen Seite fehlte sehr lange Zeit das Mittel zur wirksamen Vertretung der maritimen Interessen der deutschen Küstenlandschaften an der

Nordsee: eine Seemacht. Seitdem die Sachsen, Angeln und Euten England erobert hatten, wurde vom deutschen Ufer her niemals ein kriegerischer Vorstoß gegen England unternommen. Das fränkische Reich hat keine Seemacht entwickelt. Der Sturm der Normannen=kriege verhinderte vollends die Bildung einer deutschen Seekriegs=macht. Von den Kriegsflotten aus den nordischen Reichen oft und schwer heimgesucht, wurde England nicht lange nach der Mitte des 11. Jahrhunderts eine Beute der franko=normannischen Herrscher. Zu derselben Zeit erlahmte die kriegerische Unternehmungslust der skandinavischen Völker. Das Deutsche Reich hatte damals bereits seine Kräfte auf dem Kontinent gegen Süden und Osten gewandt. Statt der imposanten Machtstellung des anglo=normannischen Staates auf beiden Seiten des Kanals bot es unter den letzten Saliern das Schauspiel eines durch innere Zwiste geschwächten Reiches. Auch die Ziele der hohenstaufischen Reichspolitik lagen durchaus im Süden. Wohl wiesen früher und später Familien=verbindungen hauptsächlich norddeutscher Fürsten mit den englischen Herrschern auf eine gewisse Übereinstimmung politischer Interessen. In den Kämpfen Kaiser Ottos IV. gegen Philipp August von Frankreich, den Todfeind der Plantagenets, und in dem deutschen Königtum Richards von Cornwall, des Bruders Heinrichs III. von England, trat diese Interessengemeinschaft zutage. Unter ihrem Antrieb und Schutz erblühte der deutsche Handel mit England. Allein von Versuchen zur Bildung einer deutschen Seemacht war keine Rede.

Man möchte annehmen, daß dieser Gedanke der deutschen Reichsregierung ferngelegen habe, oder daß die Bildung einer See=macht an der Nordseeküste überflüssig oder unmöglich erschienen sei. Indessen hätte man eine solche gebrauchen können, als seit der Mitte des 12. Jahrhunderts Dänemark auch zur See wieder er=starkte. Die auf den Trümmern der Macht Heinrichs des Löwen sich ausbreitende Herrschaft Waldemars II. von Dänemark mußte im Landkriege niedergerungen werden. Dann erst begannen die frühesten Seekriegsunternehmungen der Deutschen in der Ostsee.

Aber weder der deutsche König noch das deutsche Fürstentum wurden die Träger dieser neuen Seemacht, sondern die Städte. Diese Entwicklung bot von vornherein keinen ganz vollwertigen Ersatz für das, was andere Länder besaßen. Was in früheren

Zeiten versäumt oder durch politische Entwicklungen, wie etwa die Erhaltung der bäuerlichen Freiheit des friesischen Stammes, erschwert und vereitelt worden war, konnte nicht mehr nachgeholt werden: während die skandinavischen Reiche und England sich einer staatlichen Organisation des Seekriegswesens erfreuten, blieb Deutschland im wesentlichen angewiesen auf die Leistungen einzelner Seestädte.

Diese neue Seemacht kam auch fast ausschließlich in der Ostsee zur Geltung.

Selbst die gemeinschaftlichen Unternehmungen deutscher Nordsee- und Ostseestädte von Middelburg in Seeland bis Reval in den Kriegen mit König Waldemar Atterdag von Dänemark galten vorzugsweise den städtischen Handelsinteressen in der Ostsee: der Sicherheit des Verkehrs zwischen Ost- und Nordsee sowie der Heringsfischerei bei der Landschaft Schonen. Es sind die einzigen Seekriege, die gemeinschaftlich von zahlreicheren Seestädten an den Küsten der Nordsee und der Ostsee unternommen worden sind. Die Nordseestädte in Seeland und Holland haben sich nie wieder mit den Hansestädten zu einem gemeinsamen Seekriege vereinigt.

In den waldemarischen Kriegen griffen die vereinigten Städte auch Norwegen an. Als aber in den Seeräuberkämpfen am Ende des 14. Jahrhunderts die hansische Seemacht auch in der Nordsee, an der deutschen Küste und in Norwegen, erfolgreich auftrat, hatten die Niederlande bereits den Weg betreten, welcher im Verlauf weniger Jahrzehnte dahin führte, daß diese Küstenlandschaften an den Mündungen des Rheins, der Maas und der Schelde unter der Herrschaft der burgundischen Herzoge vereinigt wurden und zu einer reichsfremden, ja reichsfeindlichen Macht zusammenwuchsen. In den Landschaften der nördlichen Niederlande, in Holland und Seeland, verfügte schon das Territorialfürstentum und später die Burgunder über die Seestreitkräfte des Landes. Hier gab es eine Organisation des Seekriegswesens auf breiterer Grundlage als in den anderen deutschen Küstenländern.

Eben diese Landschaften traten nun, wie erwähnt, in einen immer schrofferen Gegensatz zu den Hansestädten. Sie unternahmen es, sogar das Handelsmonopol der Hanse in der Ostsee zu brechen. Sie benutzten die Streitigkeiten der Hanse mit dem Unionskönigtum der nordischen Reiche, um dort eigene Handelsprivilegien zu er-

werben. Sie führten, nicht lange nach ihrer Angliederung an
das burgundische Reich, einen Seekrieg gegen die Hansestädte, in
welchem es ihnen im Frieden vom Jahre 1441 gelang, sich den
Zugang zur Ostsee offen zu halten. Ihr Handel in der Ostsee,
zumal mit den preußischen und livländischen Seestädten, wuchs
unaufhaltsam. Gefördert durch die Staatskunst ihres Landesherrn,
des Herzogs von Burgund, gestützt auf ihre eigenen Seestreitkräfte,
erhoben sie sich zu der einzigen Macht in der Nordsee, welche nicht
allein durch Handel und Schiffahrt, sondern zugleich als Seemacht
sich Geltung verschaffen konnte in der Ostsee. Das Ergebnis für
die Nachbarn war ein doppeltes: Eine hansische Seemacht kam
in der Nordsee nicht zur Entwicklung, und England wurde unter
den in der Ostsee verkehrenden Nordseemächten in die zweite Reihe
gedrängt.

Auch England vermochte nicht, das Emporkommen dieser neuen
niederländischen Seemacht in der Nordsee zu verhindern. Man
könnte zweifeln, ob denn im Mittelalter die insulare Lage für
England ein Vorteil gewesen. Denn eben diese Lage gefährdete
damals seine Sicherheit. Politisch und kommerziell stand es den
Angriffen fremder Heere und fremder Kaufmannschaften offen wie
kaum ein anderes Land. Im Laufe des ersten Jahrtausends
unserer Ära ist es viermal von nachhaltigen Eroberungen heim=
gesucht worden, von denen der Römer, der Anglo=Sachsen, der
skandinavischen Normannen und endlich der Franko=Normannen
der Normandie, und jede dieser Eroberungen hatte, außer langen
und gründlichen Verwüstungen großer Teile des Landes, tiefe
soziale und politische Umgestaltungen in ihrem Gefolge. Auch seit
der letzten dieser Eroberungen ist noch manche Invasion vom Fest=
lande her gelungen. Die Seemacht des Landes war selten imstande,
solche Einbrüche zu verhindern.

Wie in der Politik, so im Handelsleben. Kein Land Europas,
mit Ausnahme Flanderns, wurde im späteren Mittelalter von
Kaufleuten aus so zahlreichen Nationen aufgesucht und bestürmt
wie England. Während aber Flandern den fremden Händlern die
vortrefflichen Erzeugnisse seiner Industrie in großer Menge, nur
wenig jedoch an Naturprodukten des Landes darbot und im übrigen
als das Land des Austausches der Produkte des Nordens und

Südens, als „ein Stapelplatz für die anderen", nach den Worten des Büchleins von der englischen Staatsweisheit, erscheint, gingen die fremden Kaufleute in England darauf aus, sich neben dessen industriellen Erzeugnissen vor allem die reichen Naturprodukte des Landes zu verschaffen, um sie selbst in ihre Heimat wegzuführen. Der eigene Aktivhandel der Engländer, welcher die Landesprodukte lieber selbst exportiert hätte, kämpfte daher unter dem Andrang der vielen fremden, mit weitgehenden Privilegien ausgestatteten Kaufleute mit den größten Schwierigkeiten.

Aus diesen Gründen war der englischen Politik ein zweifaches Ziel gesteckt: Behauptung der politischen Sicherheit und Ausdehnung des eigenen Handels. Um seine Sicherheit brauchte England nie weniger besorgt zu sein als in den ersten anderthalb Jahrhunderten der normannischen Herrschaft. Denn die Vereinigung mit der Normandie garantierte die Sicherheit der Insel. Sie bedeutete die Seeherrschaft des anglo-normannischen Reiches im Kanal. Der Verlust der Normandie in dem Kriege mit Philipp August von Frankreich hatte auf der Stelle eine französische Invasion zur Folge. Erst in den Zeiten der Isolierung des Inselreiches nahm auch die Schiffahrt im Kanal von Spanien und vom Mittelmeer her nach Flandern einen raschen Aufschwung. Eduard III. war auf dem rechten Wege, als er gegen die Bedrohung der Unabhängigkeit Englands durch Schottland und Frankreich den Schild erhob, um die alte Verbindung mit dem Kontinent wieder herzustellen.

Neuere Geschichtschreiber haben den hundertjährigen Krieg Englands mit Frankreich, der Frankreich verwüstete und England erschöpfte, als eine unvernünftige und nutzlose Verirrung getadelt. Aber er war ein Verteidigungskrieg um die Unabhängigkeit des Inselstaates, ein Kampf zur Wiedergewinnung der früheren vorteilhaften Position auf beiden Seiten der Meerenge. Eduard III. hat auch die Seeherrschaft Englands im Kanal zeitweilig wieder zur Geltung gebracht. Der Besitz der Normandie hatte für England eine ähnliche politische Bedeutung, wie der der Landschaften Halland und Schonen auf der Ostseite des Öresundes für Dänemark. Denn mit der Beherrschung des Landes auf beiden Ufern der Meerengen verband sich im Mittelalter auch der Besitz der Seehoheit auf ihnen, ein Anspruch, der infolge der Enge des Sundes schon während des dritten Jahrzehnts des 15. Jahrhunderts in der Einrichtung des Sundzolles einen für die Befahrer der Meerenge recht unbequemen Ausdruck fand. In England hielt man den Anspruch auf die Seehoheit im Kanal mit den daraus hergeleiteten Rechten auch dann noch aufrecht, als der große Krieg mit einem gänzlichen Mißerfolge zu Ende gegangen.

Daran kann kein Zweifel sein, daß die Durchführung des kontinentalen Unternehmens und die Festhaltung der Normandie damals die Kräfte Englands überstiegen. Auch den glänzenden Erfolgen Heinrichs V. war keine Dauer beschieden. Unter den Bedrängnissen des Krieges erstarkten in Frankreich das Nationalgefühl, das Königtum und der Staat. Als kurz vor der Mitte des 15. Jahrhunderts Frankreich sich erhob zum letzten Ansturm auf die englischen Eroberungen und Besitzungen diesseit des Kanals, traf es das englische Reich unter dem unbedeutenden und willensschwachen Heinrich VI. in einem Zustande innerer Verwirrung und Ratlosigkeit, der allen Widerstand vergeblich machte. In wenigen Jahren fielen die Normandie und die südfranzösischen Provinzen Englands in die Hände der Franzosen. Nach dem Fall von Bordeaux im Oktober 1453 besaß England, mit Ausnahme des Stapelplatzes Calais, keinen Fuß breit Boden mehr in Frankreich.

Diese tatsächliche Entscheidung betrachteten freilich weder die Zeitgenossen noch die nächste Generation als das dauernde Ende des gewaltigen Kampfes. Kein Friede versuchte die Gegensätze auszugleichen, die Nationen zu versöhnen. Weil England seine Ansprüche festhielt, blieb auch die französisch-englische Feindschaft bestehen. Noch ein Menschenalter später meinte ein zeitgenössischer Geschichtschreiber, daß kein englischer König ohne einen auswärtigen Krieg, d. h. vor allem ohne einen Krieg mit Frankreich, sein Land mit dauerndem Erfolge regieren könne. Frankreich erschien nach wie vor als der „Erb= und Todfeind" Englands.

Aus der Fortdauer dieses Gegensatzes zu Frankreich in England ergab sich nun die Richtschnur für das Verhalten Englands zu den anderen Nachbarmächten. Die weiten französischen Küsten bildeten gegenüber England eine feindliche Linie, die des Herzogtums Bretagne, welches in dem letzten verhängnisvollen Kriege auf Frankreichs Seite gestanden, eine solche von zweifelhafter Freundschaft. Nur an den Besitz von Calais knüpfte sich in

England noch die Hoffnung, die prätendierte Seeherrschaft im Kanal nicht ebenfalls an die Franzosen zu verlieren. Mit den Staaten der pyrenäischen Halbinsel wünschte England Frieden zu halten. Der Handelsverkehr dieser Staaten richtete sich aber weit mehr nach den burgundischen Niederlanden als nach England, und daher wäre die unbedingte Freiheit der Schiffahrt im Kanal den spanischen und portugiesischen Handesflotten, wie übrigens auch den italienischen, der erwünschte Zustand gewesen. Diese Freiheit schien und war aber stets bedroht durch die erwähnten Ansprüche Englands, die gerade durch dessen Konflikt mit Frankreich sich lebendig erhielten und jederzeit zum Schaden der fremden Schiff= fahrt geltend gemacht werden konnten.

Anders standen die Dinge an den nördlichen Küsten. Als Nachbarn, die außer ihrer Territorialmacht über eine Handels= und Seemacht verfügten, kamen im wesentlichen nur der burgundische Staat und die deutsche Hanse für England in Betracht. Weder als See= noch als Handelsmacht trat Dänemark in der Nordsee hervor. Die Unionspolitik der dänischen Könige fesselte die politischen Kräfte der drei Reiche an den Norden. Den Handels= verkehr Englands mit dem Osten und Norden, wegen der Feind= schaft mit Frankreich von besonderer Wichtigkeit für England, ver= mittelten, abgesehen von Engländern selbst, vorzugsweise nieder= ländische und hansische Kaufleute. Daraus ergab sich für England eine einfache Rechnung. Mit einer von diesen beiden Mächten, Burgund oder Hanse, mußte England notwendig Frieden halten, um wenigstens nach Einer Seite hin sich einen Weg für Ausfuhr und Einfuhr offen zu halten. Eine von beiden konnte es zur Not entbehren, beide nicht.

Aber die Durchführung auch dieser fast selbstverständlichen Politik einer Ausspielung der einen Handelsmacht gegen die andere stieß auf Hindernisse. Weniger zwar bei der Hanse. England kannte und betrachtete die Hanse lediglich als Handelsmacht, nicht als Kriegsmacht. Trotz mancher Störungen des hansisch=englischen Verkehrs, die hier und dort sich in den üblichen Verfolgungen und Gefangensetzungen der Kaufleute, in Beschlagnahme ihrer Güter und Schiffe und dergleichen Vorgängen äußerten, hatte nie ein kriegerischer Konflikt die beiden Mächte entzweit. Niemals war eine hansische Seemacht an den Küsten Englands oder der

Niederlande erschienen. England behandelte daher die Hanse als eine Handelsmacht, von welcher vorausgesetzt wurde, daß ihr bewaffneter Arm nicht so weit reiche, wie ihre Schiffe fuhren.

Auf anderer Grundlage beruhte Englands Stellung zu Burgund. Der burgundische Staat, unter dem klugen und staatsmännisch begabten Philipp von Burgund, stand dem Inselreich gegenüber in der doppelten Eigenschaft als Territorial- und Seemacht und als Handelsmacht. Hierin lag die Schwierigkeit. Die Burgunderherzoge hatten in den niederen Landen ihre Herrschaft erweitert und neubegründet auf Kosten Frankreichs und des deutschen Reiches. Da nun der Bestand dieser neuen Macht und die Souveränität der Burgunderherzoge ernstlich nur bedroht und bestritten wurde durch das französische Königtum, so lag für England ein politisches Einvernehmen mit Burgund, dem mißtrauischen Nachbarn des feindlichen Nachbarn, in der Richtung seiner Interessen. Aber daraus folgte noch nicht ein Einverständnis auf dem Gebiete des Handels. In Burgund behandelte man den englischen Handel unfreundlich. Philipp schützte seine einheimische blühende Tuchindustrie gegen den Wettbewerb der englischen. Er verbot den Handel mit englischem Tuch wiederholt in Flandern oder in allen seinen Ländern. Das führte in England wieder zu Repressivmaßregeln gegen den niederländischen Handel und gegen die Erzeugnisse der niederländischen Industrie. Und dieser Handelskrieg kam nun auch wieder der Hanse und ihrer Stellung in England zu statten. Denn wenn der wichtigste Artikel der englischen Industrie in den Niederlanden gar nicht oder nur in beschränkter Weise abgesetzt werden konnte, mußten die hansischen Kaufleute um so willkommener sein als Abnehmer dieser Ware.

Diese kurzen Erörterungen werden die oben ausgesprochene Ansicht rechtfertigen, daß England bei den Versuchen zur Regelung seiner Handelsbeziehungen mit dem Norden und Osten Europas mit einiger Geduld und Vorsicht zu Werke gehen mußte. Dies um so mehr, als es an der Stelle des hansischen Gebietes, wo seine Kaufleute sich einen sicheren Zugang zu den Reichtümern des Ostens erschlossen zu haben glaubten, im Ordenslande Preußen, auf einen gefährlichen und zähen Widerstand stieß. Seine Gegner waren die preußischen Städte, vor allem Danzig. Das letzte Ziel der inneren Handelspolitik Danzigs war die Durchführung eines strengen Fremdenrechts und der Ausschluß jeglicher nichtstädtischer, sowohl einheimischer wie fremdländischer, Autorität in Sachen des Handels aus der Stadt und ihrer Wirtschaft. Die Stadt beanspruchte, was übrigens durchaus in dem Zuge und Charakter der damaligen Anschauungen von städtischer Wirtschaftspolitik lag, den fremden Kaufleuten ausnahmslos den Geschäftsverkehr untereinander zu verbieten und nur den mit den Einheimischen zu erlauben, die Dauer des Aufenthaltes und die Art des Handelsbetriebes der Fremden nach Belieben zu regeln und eine Niederlassung fremder Kaufleute in ihren Mauern nicht zu dulden.

Unter mannigfachen Streitigkeiten und mit wechselndem Erfolge bemühten die Engländer sich, ihre Stellung zu behaupten und eine Milderung der Schärfe jener Grundsätze für sich zu erlangen. Es gelang ihnen, einem Vertrage, der im Jahre 1437 mit einem Danziger Gesandten in England vereinbart wurde, eine Fassung zu geben, aus der sie einen Anspruch herleiten zu können vermeinten auf Befreiung in Preußen von den ihnen lästigen Zöllen und von allen ihre Handelsfreiheit beschränkenden Verordnungen und Satzungen. Diesem Vertrage versagte indessen der Hochmeister des Ordens die formelle Genehmigung. Danzig verharrte auf dem Wege strenger Durchführung seines Fremdenrechts.

Der Beginn des letzten Ringens zwischen Frankreich und England um die festländischen Besitzungen Englands war der Augenblick, in welchem die Engländer selbst durch eine Gewalttat ihre Lage auch in Burgund und im Gebiete der Hanse verschlechterten.

Im Herbst des Jahres 1448 erschien eine englische Gesandtschaft in den Hansestädten, um die Angelegenheiten des englischen Handels im Norden zu regeln. Sie verhandelte in Lübeck mit den Gesandten der Hansestädte und des Hochmeisters von Preußen. Vor allen Dingen sollten die Preußen zur Anerkennung des Vertrages von 1437 bewogen werden. Aber da zeigten sich die größten Schwierigkeiten. Die Preußen verweigerten die Anerkennung. Die Bevorzugung nur Einer fremden Nation hätte das System ihres städtischen Fremdenrechts durchbrochen und den andern Fremden ein Anrecht gewährt und eine Handhabe geboten, es völlig zu zertrümmern. Die Engländer verkündeten daher den Preußen, daß deren Kaufleute nun auch in England von den hansischen Vorrechten ausgeschlossen sein sollten. Aber hier traten die anderen Hansestädte vor mit der Erklärung, daß sie sich keine gesonderte Behandlung der Kaufleute einzelner hansischer Territorien in England gefallen lassen würden. So erreichten die Engländer in Lübeck ihr Ziel nicht. Vielleicht hatten sie die Hoffnung nicht aufgegeben, durch direkte Verhandlungen in Preußen mit dem Hochmeister ein besseres Ergebnis zu erzielen, als plötzlich die Lage sich änderte.

Ein Gewaltstreich der englischen Regierung hatte auch den hansischen Handel im Kanal getroffen. Der Wiederausbruch des Krieges mit Frankreich war damals unvermeidlich. Die Engländer selbst hatten ihn wieder begonnen, weniger zwar aus militärischen Gründen, als in der Absicht, durch unverhofften Überfall wenigstens gute Beute zu machen. Wie auf dem Kontinent mit der reichen Stadt Fougères in der Bretagne, so im Kanal gegen die neutrale Schiffahrt. Die Habgier einiger leitender Personen am englischen Hofe erklärt zum Teil diese Zügellosigkeit der englischen Politik. Ein englischer Pirat erhielt den verdeckten Befehl, die Seeräuber vom Meere wegzufegen. Er verstand seinen Auftrag. Er sollte die Seeherrschaft im Kanal behaupten und die neutrale Schiffahrt niederschlagen. Im Mai 1449 griff er eine stattliche Handelsflotte an, die aus dem größten Salzexporthafen Europas, der Baie d. i. der Bucht von Bourgneuf südlich von der Mündung der Loire, hauptsächlich mit Salz beladen, nach der Nordsee fuhr. Sie wurde gekapert, ein Teil der gewaltigen Beute im königlichen Palast zu Westminster aufgestapelt. Die ganze Flotte zählte an 110 Segel, von denen die meisten in den Niederlanden, außerdem 16 in Lübeck, 14 in Danzig, andere in Rostock und Kampen beheimatet waren. Dieser Schlag gegen die hansische Schiffahrt war nicht der letzte; auch andere hansische Fahrzeuge sahen sich in der Nordsee angegriffen und verfolgt von den Engländern.

Die Hanse war damals aus manchen Gründen nicht in der Lage, wegen dieser Angriffe sogleich eine Fehde mit England zu beginnen. Natürlich griff man auf dem Kontinent sofort zu Repressalien gegen die Engländer, welche übrigens den burgundischen Niederländern und den Kampern die Schiffe zurückgegeben und nur deren Ladung behalten hatten. Philipp von Burgund erzwang später auch für diese eine Entschädigung. Von den Hansestädten vermochte nur Danzig, wo der englische Handel am stärksten war, sich hinreichenden Schadenersatz zu verschaffen. Lübeck und die anderen geschädigten Hansestädte, wiewohl sie gegen die Engländer einschritten, fanden augenscheinlich nicht genügend wertvolle Objekte, um ihren Schaden zu decken.

So war die Lage eigentümlich verwickelt. In England selbst gingen die dort verweilenden hansischen Kaufleute frei ihren Geschäften nach, nur daß man jetzt ihre Privilegien wenig beobachtete. Die hansische Schiffahrt dagegen wurde von den Engländern wegen des französischen Krieges feindselig behandelt. Verhandlungen erschienen jetzt den Engländern erst recht aussichtslos. Die Ersatzforderungen Lübecks und der anderen Hansestädte komplizierten die beiderseitigen Beziehungen. Dabei war auf seiten der Hanse der Wunsch unverkennbar, dieser Streitigkeiten wegen es nicht zum äußersten kommen zu lassen. Trotz aller Gefahren, welche der Schiffahrt drohten, ließ man in der Hanse die Schiffahrt und die Zufuhr nach England frei. Lübeck und seine Mitstädte hofften demnach, durch das friedliche Mittel der Verhandlung schließlich Schadenersatz zu erlangen.

Daß diese Rechnung fehlschlug, lag vornehmlich an zwei Umständen: an der Unzuverlässigkeit der englischen Politik und an der Uneinigkeit der Hansestädte. Die Engländer gingen zwar ein auf den Gedanken einer neuen Zusammenkunft zur Beratung über den Schadenersatz und die Wiederherstellung des regelmäßigen Handelsverkehrs. In Wirklichkeit wollten sie aber der Erörterung des Schadenersatzes aus dem Wege gehen und nur die Wiederaufnahme des Handels erreichen. Sie wünschten die Fortsetzung des Handelsverkehrs mit der Hanse um so mehr, als, wie erwähnt wurde, Philipp von Burgund wegen der Feindseligkeiten Englands gegen die niederländische Schiffahrt zu Vergeltungsmaßregeln gegriffen hatte, zu weiterem Einschreiten gegen den englischen Handel bereit war und Kriegsschiffe in die See schickte. In England setzte man also die hansischen Privilegien wieder in Kraft, außer für die Danziger und die Lübecker. Die Absicht der Engländer war sodann, durch ein Sonderabkommen mit Preußen ihren Handel nach der Ostsee wieder in Gang zu bringen. Das war nur möglich, indem

Lübeck übergangen wurde und dessen Ersatzansprüche unberücksichtigt blieben.

Dabei kam den Engländern der bei den meisten Hansestädten vorhandene Wunsch nach Fortdauer des Handelsverkehrs mit England zu statten. Wir besitzen bislang kein ausreichendes Zeugnis oder statistische Quellen, auf Grund derer die Beteiligung der einzelnen Hansestädte an dem Handel mit England um die Mitte des 15. Jahrhunderts bestimmter oder zahlenmäßig veranschaulicht werden könnte. Doch scheint soviel sicher, daß unter den niederrheinischen Städten Köln und Nimwegen weitaus am stärksten im englischen Handel vertreten waren; daß sodann die großen westfälischen Städte Dortmund, Münster und Soest noch immer einen ansehnlichen Anteil an diesem Handel besaßen; daß Hamburg und Lübeck einen starken Verkehr mit England unterhielten; daß Danzig in einem sehr bedeutenden Austausch mit England stand, an welchem auch andere Preußen und nichtpreußische Hansen teilnahmen, während Danzig wiederum für die englischen Kaufleute der wichtigste Verkehrsplatz des ganzen Hansegebietes geworden war; daß endlich nicht allein aus anderen hansischen Seestädten Kaufleute und Schiffer nach England fuhren, sondern auch außer den westfälischen noch andere Binnenstädte wie die sächsischen, an ihrer Spitze Braunschweig und Magdeburg, Interesse zeigten an der Pflege des direkten Handels ihrer Kaufleute mit dem Inselreiche. Trotz der feindseligen Behandlung der hansischen Schiffahrt durch die Engländer waren zahlreiche Hansestädte nicht willens, die Schadenersatzfrage zum Mittelpunkt der Auseinandersetzung mit England zu machen. Denn der Nutzen des augenblicklichen Verkehrs mit England schien den bisher erlittenen Schaden weit zu überwiegen. Während des französischen Krieges und der handelspolitischen Spannung Englands mit Burgund mußte die Zufuhr aus hansischen Häfen nach England doppelten Gewinn abwerfen. Sodann fürchtete man für die Sicherheit der in England befindlichen hansischen Kaufleute und Güter, wenn es zu einem Bruch mit England käme.

Alles dies übersah auch Lübeck nicht. Aber es hielt daran fest, daß der Friedensbruch Englands eine Sühne finden müsse, bevor ein regelmäßiger Verkehr der Engländer nach hansischen Häfen wieder zugelassen werden könne. Wenn den Engländern die Beraubung der großen Flotte nachgesehen wurde und die Frage des Schadenersatzes ungeregelt blieb, entschwand auch die Aussicht auf eine für die Hanse vorteilhafte Ordnung der übrigen englisch=hansischen Verkehrsbeziehungen. Auch diesmal verschmolzen bei Lübeck die eigenen mit den gemeinhansischen Interessen.

Angesichts der fortdauernden Feindschaft der Engländer gegen die hansische Schiffahrt behielt die lübische Politik eine Weile die Oberhand. Als die Preußen versuchten, einseitig den regelmäßigen Verkehr mit England wiederherzustellen, wurden die englischen Gesandten, welche diesen Verkehr unter Umgehung Lübecks regeln sollten, auf ihrer Reise nach Preußen aufgegriffen und als Gefangene nach Lübeck gebracht. In England wuchs inzwischen die innere Verwirrung. Die Erbitterung über den schmachvollen Verlauf des französischen Krieges und über die Stockung des Handels, die man auch dem gewalttätigen Zugreifen der Regierung gegen die Neutralen zuschrieb, schaffte sich Luft in dem Aufstande der Kenter. Eine von fünfundzwanzig Hansestädten beschickte Versammlung, welche im Herbst 1450 in Lübeck tagte, stellte sich in der Hauptsache auf den Standpunkt Lübecks. Nach ihren Beschlüssen sollte bei ferneren Verhandlungen mit England in erster Linie die Schadenersatzfrage geregelt und die hansischen Kaufleute in England ohne Ausnahme wieder in den vollen Genuß ihrer Privilegien gesetzt werden, wofür acht englische Städte Bürgschaft übernehmen müßten. Man beschloß auch, die Zufuhr nach England einzustellen und die hansischen Waren in England unvermerkt aus dem Lande schaffen zu lassen.

Diese feste Haltung der von Lübeck geleiteten Hanse verfehlte ihre Wirkung nicht. Die hansischen Kaufleute in England, welche wegen der Gefangennahme der englischen Gesandten in Arrest genommen waren, erhielten im Herbst ihre Freiheit wieder und auch die bedingte Erlaubnis zur Ausfuhr ihrer Güter. Die englische Regierung betonte jetzt ihre Friedensliebe sogar unter Hinweis auf die alte Blutsverwandtschaft und nahm sofort den Vorschlag zu weiteren Verhandlungen an.

Dennoch erreichte die Hanse nichts, und das lag, wie schon gesagt, nicht zum wenigsten an der Uneinigkeit der Hansestädte. Von den englischen Gesandten entfloh der wichtigste, Thomas Kent, unter Bruch seines Treugelöbnisses aus Lübeck. Er durch=

schaute die Lage und hatte seinen unfreiwilligen Aufenthalt an der Trave benutzt zur Beobachtung der verschiedenen Strömungen innerhalb der Hanse und zur Erkenntnis der Tatsache, daß Lübeck der gefährlichste Feind Englands sei, weil es die Politik der Einheit und des festen Zusammenschlusses aller hansischen Städtegruppen vertrat. Er glaubte rechnen zu können auf die Rivalität der Städte und Städtegruppen untereinander, und darin täuschte er sich nicht.

England deckte sich den Rücken, indem es seinen Frieden mit Burgund verlängerte und Schadenersatz an Burgund bezahlte für die Wegnahme der großen Flotte. Als dann in Utrecht im Jahre 1451 die Verhandlungen mit der Hansestädten begannen, wurde es bei der schwächlichen Haltung der auf Lübeck eifersüchtigen Hansestädte den Engländern leicht, den Plan zu durchkreuzen, welchen Lübeck für die Beratungen aufgestellt hatte. Unter den englischen Gesandten erschien, zur Entrüstung der Lübecker, auch jener wortbrüchige Kent. Statt in die Erörterung des Programms der Hansestädte einzutreten, forderte er zu allererst die Freilassung der übrigen englischen Gesandten samt ihrer Habe und Begleitung durch Lübeck. Lübeck wies die Anmutung zurück. Die anderen Hansestädte, besonders die Preußen und die Kölner, nur darauf bedacht, den Frieden mit England um jeden Preis zu erhalten und ihren eigenen Handel nicht in Gefahr oder zum Stillstand zu bringen, waren schwach genug, in demselben Sinne auf die Lübecker einzureden, anstatt durch eine einmütige Haltung die Engländer zur Beratung des hansischen Programms zu zwingen. So erlitten Lübeck und die Hanse zugleich eine Niederlage. Die Engländer erreichten ihren Hauptzweck: das beiderseitige Versprechen eines friedlichen Handelsverkehrs. Damit war die für England lästige Schadenersatzfrage in den Hintergrund gedrängt, die Zufuhr aus vielen Hansestädten nach England gesichert und die Einheit der hansischen Politik gesprengt.

Lübeck, welches allein eine seiner leitenden Stellung in der Hanse entsprechende würdige Haltung behauptet hatte, griff zu dem äußersten Mittel. Es versuchte, dem englischen Handel gewaltsam den Zugang zur Ostsee zu sperren. Es sandte dem König Heinrich den Fehdebrief, verbot im nächsten Frühjahr die Durchfuhr englischer Waren durch Lübeck, wodurch für diese der Land=

weg von Hamburg nach Lübeck verschlossen wurde, und schickte im Mai Kriegsschiffe in die See, um die Engländer und englische Güter abzufangen. Gleichzeitig ließ König Christian von Dänemark, offenbar nach Verabredung mit Lübeck, englische Waren im Öresund aufgreifen. Es stellte sich aber bald heraus, daß unter den obwaltenden Umständen diese Gewaltmittel mehr Schaden brachten als Nutzen stifteten. Die Zugriffe der Kriegsschiffe trafen mehr die befreundeten Neutralen und Nachbarn als die Engländer. Die Vermischung englischer und hansischer oder befreundeter nichthansischer Güter, der Verkehr der Hansestädte mit England ließen sich nicht verhindern. Im Gegenteil geriet der lübische Handel allerorten in Gefahr, durch Repressalien erst recht geschädigt zu werden. Lübeck zog seine Kaper zurück. Auch diese Aktion war gescheitert.

Wider den Willen fast der ganzen Hanse konnte Lübeck allein gegen England nichts durchsetzen. Es gelang ihm nur, mit Hilfe seines allgemein anerkannten Gewohnheitsrechtes auf die oberste Leitung der hansischen Geschäfte und besonders auf die Einberufung der großen Städteversammlungen, eine Verständigung der Hanse mit England unter Ausschluß seiner selbst zu verhindern. Aber es sah ein, daß nichts übrig blieb, als dem Drängen der Hansestädte nach friedlichem Verkehr mit England völlig nachzugeben und auf seine Schadenersatzansprüche vorläufig in Geduld zu verzichten. England kam den Friedenswünschen der Hansestädte entgegen durch Erteilung von Geleitsbriefen für die hansischen Schiffer und Kaufleute. Auch England mußte sich bescheiden, die Durchsetzung seiner alten Ansprüche in Preußen der Zukunft zu überlassen.

Im Juli 1454 hob Lübeck auch das Verbot der Durchfuhr englischer Waren auf. Damit hatte es tatsächlich den Frieden mit England wiederhergestellt. Im Herbst des nächsten Jahres erklärte sich auch England bereit zur Bewilligung eines achtjährigen Friedens mit der Hanse, und im März 1456 erfolgte die öffentliche Verkündigung desselben in England. Alle Feindseligkeiten gegen die Hansen und die Lübecker wurden verboten. Auch die Lübecker nahmen die Schiffahrt durch den Kanal wieder auf. Für eine Reihe von Jahren schien der Friede gesichert. Die alten Streitfragen über die Privilegien und den Schadenersatz ruhten. Die Regelung der dauernden Rechtsgrundlagen des beiderseitigen Verkehrs blieb der Zukunft vorbehalten. Da erfolgte wenige Jahre nach dem Friedensschluß ein neuer Schlag Englands gegen den Handel Lübecks.

Das Interesse Lübecks an dem Streit mit England war erlahmt und abgelenkt worden durch Ereignisse im Ostseegebiet. Seit dem Herbst 1453 bestand Gewißheit über den Ausbruch des Krieges zwischen dem preußischen Orden, Polen und den preußischen Ständen. Lübeck, frühzeitig unterrichtet über die Zustände in Preußen und über die Absichten der mißvergnügten Untertanen des Ordens, stand seit Eröffnung des Krieges im Februar 1454, der von nun an dreizehn Jahre lang den Boden Preußens verwüstete und auch den Handelsverkehr in der Ostsee von Jahr zu Jahr mit wachsender Heftigkeit beunruhigte und schädigte, mit seinen Neigungen auf der Seite des um seine Freiheit ringenden Danzig. Auch in dem Zwist mit England hatte Lübeck wiederholt den Einfluß des mit Lübeck rivalisierenden Hochmeisters auf die Hanse verspürt. Jetzt war der Hochmeister unschädlich. In der Hanse herrschten wieder ausschließlich die städtischen Interessen. Lübeck wollte unter diesen Umständen nicht durch Feindseligkeiten gegen die Engländer dem Danziger Handel Hindernisse bereiten. Aber der Krieg, die Störung des Ostseeverkehrs und das Treiben der Danziger Kaper hielten nun die Ostseestädte, wie alle Ostseemächte, fortdauernd in Atem.

Mit den französischen Küstenprovinzen verlor England auch die Seeherrschaft. Die Kämpfe zu Lande, welche unglücklich für die Engländer verliefen, setzten sich fort auf der See. Eine neue französische Seemacht erstand, besonders in den Häfen der Normandie: französische und bretagnische Piraten störten im Kanal und in der Nordsee die Schiffahrt und beunruhigten die englischen Küsten. Im Jahre 1457 überfiel eine französische Flotte die englische Hafenstadt Sandwich und plünderte sie. Engländer und Niederländer klagten gegenseitig über Beraubungen ihrer Schiffe. Der hansische Seeverkehr nach Brügge mußte von den Städten durch Kriegsschiffe gedeckt werden. Auch die Niederländer legten zum Schutze ihres Handels und ihrer Heringsflotte Kriegsschiffe in die See.

Im Jahre 1455 wurde in England Graf Richard von Warwick

zum Befehlshaber in Calais und auf der See ernannt. Auch dieser verstand seine Aufgabe nicht anders, als angesichts des Erscheinens fremder Kriegsschiffe in der Nachbarschaft Englands die englischen Ansprüche auf die maritime Vorherrschaft zu erweisen durch Vernichtung der neutralen Schiffahrt. Im Mai 1458 griff er bei Calais eine spanische Flotte an, die mit dem Verlust von sechs Schiffen entkam. Besser gelang ihm ein zweiter Streich. Eine lübische Flotte von 18 Schiffen hatte im Frühjahr Salz und Wein wiederum in der Bai von Bourgneuf geladen. Auf der Rückfehr durch den Kanal wurde sie im Juli bei Winchelsea von Warwick angehalten und nach nutzlosem Widerstande überwältigt. Die ganze Flotte samt der Ladung wurde als gute Prise behandelt, die Mannschaft sogleich oder nach einiger Zeit entlassen. Um den Schein zu wahren, setzte die englische Regierung eine Untersuchungskommission ein. Allein schon der Umstand, daß zu ihren Mitgliedern jener uns bekannte Kent gehörte, verrät, daß an dem Gewaltstreich auch der Wunsch nach Rache an dem früheren Gegner Anteil hatte. Die Regierung und Warwick ließen ein halbes Jahr verstreichen, bevor sie Lübecks Beschwerde einer Antwort würdigten. Die Gewalttätigkeit wurde verhüllt unter der Behauptung, daß die Lübecker die Angreifer gewesen. Aber der einzige englische Chronist, der das Ereignis erwähnt, gibt als den Grund der Wegnahme der Schiffe ihre Weigerung an, auf Befehl Warwicks im Namen des Königs von England die Flagge zu streichen.

Gegenüber diesem neuen Friedensbruch Englands befand sich Lübeck in einer noch ungünstigeren Lage als nach dem ersten. Die anderen Hansestädte hatten vorgezogen, den Streit Lübecks mit England als eine Partikularangelegenheit Lübecks zu behandeln, weil es für jeden bequemer schien, sich um den Schaden der Genossin nicht zu kümmern und so den eigenen Vorteil nicht aufs Spiel zu setzen. Es kam hinzu, daß der preußisch-polnische Krieg immer weitere Kreise in Mitleidenschaft zog. Die Danziger Kaper, im Jahre 1458 mindestens zweiundzwanzig Schiffe, vergriffen sich an Freund und Feind, drangen bis in die neutralen Gebiete und Häfen und riefen durch ihr gewalttätiges Treiben zahllose Beschwerden und steigende Erbitterung hervor. Christian von Dänemark, nachdem er seinen Rivalen aus Schweden verdrängt, hatte zwar nach seinem Einzuge in Stockholm die schwedischen Privilegien der Hanse bestätigt. Aber in Putzig an der Danziger Bucht saß sein vertriebener Gegner Karl Knutson unter dem Schutze Danzigs und Polens und wartete auf eine günstige Gelegenheit zur Rückkehr nach Schweden. Wer konnte sagen, ob sie nicht schon bald erscheinen würde? Die Unruhe und die Spannung in den Ostseeländern nahmen alle Aufmerksamkeit in Anspruch. Schweden und Preußen waren die Länder, auf deren Schicksal während dieser Jahre in Lübeck politische Wetten abgeschlossen wurden. Mit den Niederlanden bestand Friede; die Handelssperre gegen Flandern war erst vor kurzem aufgehoben worden; das hansische Kontor hatte wieder in Brügge Residenz genommen. So vermochte Lübeck gegen den neuen Streich Englands nichts auszurichten. Es verkündete den Wiederbeginn seiner Fehde mit England und ließ durch bewaffnete Schiffe die See nach Engländern absuchen. Ein praktischer Erfolg wurde damit nicht erzielt.

Somit war die frühere Lage wiederhergestellt: Lübeck allein und gesondert von allen Hansestädten in offener Fehde mit England, dabei, obwohl abermals schwer verletzt, ohne Hoffnung auf Schadenersatz. Nur an einer Stelle war eine Veränderung eingetreten. Danzig, von allen Seiten bedrängt, sah sich auf Lübecks Freundschaft angewiesen. Doch war es nicht in der Lage, sich an der englischen Angelegenheit tatkräftig zu beteiligen. Übrigens gestatteten ihm seine neuerdings von Polen erworbenen Privilegien, den englischen Handelsverkehr in Danzig nach Gutdünken zu behandeln. Es war entschlossen, die alten Wünsche der Engländer nach völliger Handelsfreiheit und dauernder Niederlassung in Danzig niemals zu erfüllen. Dagegen schienen den rheinischen Hansestädten die Umstände günstig, ihren Einfluß in England auf Kosten der östlichen Städte zu verstärken.

Zwei Thronwechsel, welche im Jahre 1461 stattfanden, sind wie für die allgemeine Geschichte so auch für die der Hanse von großer Bedeutung gewesen. In Frankreich ging die Regierung an Ludwig XI. über. Ein ebenso energischer wie verschlagener Politiker, hat er in Frankreich den Grund gelegt zu der festbegründeten Staatseinheit, deren Vorzüge unter seinen Nachfolgern sich glänzend bewährten. Während seines Aufenthaltes in den Niederlanden, in den letzten Jahren vor seiner Thronbesteigung, lernte er dort ein reich entfaltetes Handelsleben kennen und verwertete später seine Erfahrungen und Beobachtungen zum Nutzen des eigenen Volkes. Auch dem Handel der Hansestädte nach Frankreich blieb er während seiner zweiundzwanzigjährigen Regierungszeit, ungeachtet einiger Zwistigkeiten, im allgemeinen freundlich gesinnt. Jetzt trat auch für die Hanse der Vorteil der politischen Trennung der französischen Küstenländer von dem britischen Inselreich deutlicher zutage. Der englische Handel verlor sein Übergewicht im Zwischenverkehr zwischen beiden Ländern. Hier konnte der hansische Handel Raum gewinnen. Wenige Jahre nach seinem Regierungsantritt verlieh Ludwig XI. den Hansestädten Schutz und Sicherheit für ihren Verkehr mit Frankreich. In allen größeren Hafenplätzen an der Westküste Frankreichs wurde der Schutzbrief verkündigt.

In England bestieg Eduard IV., der Erbe der Ansprüche des Hauses York, den Thron. Er stützte sich anfänglich auf den Süden Englands und vorzüglich auf London. Nachdem in der Schlacht bei Towton die Entscheidung für ihn und gegen die mit den Schotten verbündeten Lancaster, Heinrich VI. und dessen Gemahlin Margareta von Anjou, gefallen, gab der rasche Umschwung dem englischen Kaufmannsstande neue Hoffnung auf große Erfolge gegen die Konkurrenz der Hanse. In England hatte man Grund, der Hanse nach allem, was vorgefallen, mit geringer Achtung zu begegnen. Man nahm daher die alten Ansprüche wieder auf, besonders die für den Handel in Preußen. London verdrängte die hansischen Kaufleute aus dem Besitze des Teiles des Londoner Bischofstores, dessen Instandhaltung und Bewachung Pflicht und Recht der Hansen war. Die Hauptstadt und das Parlament vereinigten sich in der Forderung, daß die Privilegien der Hanse nur unter der Bedingung der Gegenseitigkeit aller Rechte, auch für den Verkehr der Engländer in den Hansestädten, erneuert werden dürften. Man hoffte sogar, die Hansen aus dem Zwischenhandel Englands mit den Niederlanden und mit der Baie zu verdrängen.

Eduard selbst war vorsichtiger. Sein Thron stand keineswegs auf festen Füßen; er hat zehn Jahre gebraucht, um seine Herrschaft für den Rest seiner Regierung zu sichern. Für ihn war die hansische Angelegenheit vorzugsweise eine politische Machtfrage. Es kam ihm auf die politischen Vorteile an, welche ihm die Hansestädte, gegen Bestätigung ihrer englischen Privilegien, auf dem Kontinent durch Bündnisse und Freundschaften mit Fürsten und Städten verschaffen könnten.

Da zeigte sich aber, daß auch England nicht weiterkam gegen den Widerstand Lübecks. Denn von allen Hansestädten besaß Lübeck die größte politische Macht und den meisten Einfluß in und außer der Hanse. Man darf sogar sagen: nur unter Lübecks Leitung war die Hanse eine politische Macht, ohne Lübeck bedeutete sie wenig. Gerade Lübeck aber verweigerte vorläufig seine Teilnahme an Verhandlungen mit England. Der Krieg in der Ostsee und in Preußen tobte ohne Aufhören weiter. So kam es zu keiner dauernden Sicherheit für beide Teile. Nur immer auf mehr oder weniger kurze Fristen verlängerte man in England den dort anwesenden Hansen den Gebrauch ihrer Privilegien.

Mit unermüdlichem Eifer war namentlich Köln bestrebt, sowohl bei England wie bei den Hansestädten, das Band des Verkehrs zwischen beiden nicht zerreißen zu lassen. Wie seit alter Zeit bestand auch damals ein recht lebhafter Verkehr der Kölner Kaufleute nach England. Da nun der Einfluß der östlichen Städte, besonders Lübecks und Danzigs, in England zurücktrat, begann der der Kölner in der hansischen Niederlassung, im Stalhof zu London, zu steigen. Die Kölner erinnerten sich wieder der seit zweihundert Jahren verlorenen vorörtlichen Stellung ihrer Stadt im englischen Handel. Eine Aussicht schien sich aufzutun, der Überlegenheit und Oberleitung, die Lübeck in der Hanse besaß und übte, jetzt ein Ende zu machen. Eine Gesandtschaft, welche Köln und Nimwegen nach England schickten, erreichte dort im Jahre 1463 eine Verlängerung der hansischen Privilegien auf dritthalb Jahre. Die Rührigkeit Kölns brachte zuwege, daß endlich im Herbst 1465 eine Zusammenkunft englischer und hansischer Gesandten in Hamburg stattfinden konnte.

Auf ihr traten aber die Gegensätze der Parteien wieder aufs schärfste hervor. Es stellte sich heraus, daß diese Meinungsverschiedenheiten unausgleichbar waren. Die Engländer kamen nur mit dem erlangen nach einem Frieden oder einem Waffenstillstand, wollten aber von Genugtuung für die Beraubung der beiden Flotten nichts hören. Lübeck dagegen samt den anderen von England geschädigten Städten Bremen, Wismar und Rostock wiesen, durch die ungefühnten Friedensbrüche Englands belehrt, den Gedanken an Frieden oder Stillstand zurück und beharrten in dem Gewoge der Meinungen fest auf vorheriger Leistung oder Regelung des Schadenersatzes. Von vornherein hatte Lübeck ausgesprochen, daß es nicht der Urheber dieser Zusammenkunft, sondern nach wie vor Englands Feind sei. Also führten die Beratungen in Hamburg in der Hauptsache zu keinem Ergebnis.

Die entschiedene Haltung Lübecks und seiner in gleicher Lage befindlichen Genossinnen ließ in England die Hoffnung auf einen gütlichen Ausgleich mit den bisher versuchten Mitteln immer tiefer sinken. Man verlor sichtlich die Lust zu weiteren Verhandlungen. Die Lage war für England um so unbequemer, als seit dem Jahre 1464 England in scharfem Handelskriege stand mit den burgundischen Niederlanden. Die englischen Kaufleute in den Niederlanden mußten nach dem Bistum Utrecht übersiedeln, um dort ihre Waren, vor allem die englischen Tücher, abzusetzen. Die Hanse dagegen hatte ihre Handelsbeziehungen im Westen von neuem gesichert; längs der ganzen atlantischen Küste von Flandern bis zur Straße von Gibraltar schützten neue Verträge und Übereinkommen mit Frankreich, Bretagne, Castilien und Portugal den hansischen Handel.

Auf die Dauer konnte freilich auch Lübeck die Stellung nicht behaupten, die es gewählt hatte. Die hansischen Privilegien in England waren doch immerfort, wiewohl nur auf kurze Zeitspannen, verlängert worden. Angesichts des Streites mit Burgund stellte selbst das englische Parlament ihre Gültigkeit nicht in Abrede. Daß König Eduard einen zuverlässigen Frieden mit der Hanse wünschte, kann kaum bezweifelt werden. Den Handel mit England hielten die meisten Hansestädte aufrecht, wie auch die Engländer in Preußen und sonst im Gebiete der Hanse verkehrten. Nicht allein Köln und die niederrheinischen Hansestädte, deren Verhalten in den Angelegenheiten des Brügger Kontors der Hanse bei den anderen Städten gerechtes Mißtrauen erweckte, sondern auch Hamburg und die Preußen bestürmten Lübeck, durch seine dauernd schroffe Ablehnung nicht die Erhaltung der hansischen Freiheiten in England aufs Spiel zu setzen. Was Lübeck zum Einlenken bewog, war eine doppelte Erwägung. Der Friede von Thorn, der im Herbst des Jahres 1466 dem langen, verheerenden

Kriege in Preußen ein Ende machte, befreite Lübeck und die Ostseestädte von der am nächsten liegenden Sorge um die Wohlfahrt des Ostseehandels. Das politische Interesse richtete sich wieder überwiegend nach dem Westen. Dort stand ein Thronwechsel in Aussicht, der auch den Handel der Hanse in ernste Verwicklungen hineinziehen konnte. Der Charakter und die Kämpfe des Sohnes und Nachfolgers des alten und von langer, fruchtbarer Regierung ermüdeten Herzogs Philipp von Burgund, des Grafen Karl von Charolais, mit Ludwig von Frankreich und den rebellischen Städten Dinant und Lüttich ließen ein unruhevolles Regiment für die Niederlande und deren Nachbarn erwarten. Hier erschien die Zukunft der Hanse um so weniger sicher, als der vorhin angedeutete Streit Kölns und seiner niederrheinischen Nachbarstädte mit dem Brügger Kontor den Riß zwischen Köln und Lübeck, der in der englischen Frage drohte, vollends herbeiführen und immer mehr erweitern konnte.

Daher entschloß sich Lübeck, seine Ersatzansprüche an England vorläufig zurückzustellen, um die innere Einheit der Hanse wiederherzustellen. Im August 1467 erklärten Lübeck und seine Gefährtinnen in der englischen Sache, mit Ausnahme Bremens, ihre Bereitwilligkeit zum Abschluß eines mehrjährigen Waffenstillstandes mit England. In der Zwischenzeit sollte die Schadenersatzfrage beraten werden. Den Engländern war früher, wie erwähnt wurde, der Stillstand erwünscht gewesen, indessen hatte Eduard an die kurzbefristete Verlängerung der hansischen Privilegien die Bedingung geknüpft, daß die zukünftigen Verhandlungen in England stattfinden sollten. Darauf wollte Lübeck um keinen Preis eingehen. Es forderte als Ort der Beratungen einen Platz auf deutschem Boden. Das verweigerte aber wieder Eduard.

Der ausschlaggebende Grund für dieses Verhalten des Königs war nichts anderes als eine rasche und völlige Abwandlung der Beziehungen Englands zu Burgund. Nach des alten Herzogs Tode, im Juni 1467, erschienen alsbald die Anzeichen des politischen Wechsels. Nachdem schon früher die Vermählung des Thronfolgers Karl mit einer Schwester Eduards in Aussicht genommen, wurde jetzt mit der Heirat auch die Herstellung einer politischen Verbindung der beiden Staaten aufs eifrigste gefördert. In den Niederlanden hob man die Sperrmaßregeln gegen den englischen

Handel auf. Im nächsten Winter gelangten die neuen Handels- und Freundschaftsverträge zwischen beiden Ländern zum Abschluß. Eine enge Allianz verband jetzt England und Burgund, nahe Verwandtschaft die beiden Herrscher und die Dynastien Burgund und York. England bedurfte der Hanse nicht mehr. Friede oder Stillstand mit der Hanse erschienen jetzt nicht mehr als dringend erstrebenswerte Ziele der englischen Politik. Was diese Wandlung für die praktische Politik Englands bedeutete, läßt sich nach der vorhergehenden Darstellung vermuten. In demselben Monat, in welchem die Hochzeit Karls des Kühnen mit der englischen Prinzessin unter prächtigen Festlichkeiten in Brügge gefeiert wurde, traf ein neuer Gewaltstreich Englands, seit weniger als zwanzig Jahren der dritte, die Hanse und ihren Handel in England.

II.

Der Reiz, welchen die Geschichte der Hanse auf den ausübt, der zu näherer Beschäftigung mit ihr Gelegenheit findet, beruht nicht zum wenigsten in der großen Mannigfaltigkeit ihrer kommerziellen und politischen Beziehungen zum Auslande. Diese beständig sich kreuzenden, einander hemmenden oder fördernden Verbindungen der Hanse mit den auswärtigen Nationen unterlagen naturgemäß einem starken Wechsel. Infolge der weiten und vielfachen Verzweigung der hansischen Beziehungen konnten leicht Überraschungen eintreten und scheinbar isolierte Zufälle an entlegener Stelle eine starke Wirkung ausüben. Eine seltsame Verknüpfung der Folgen von räumlich weit getrennten Begebenheiten führte diesmal die Katastrophe herbei.

Nach dem Frieden von Thorn begann der Ostseehandel aufzuatmen. Gemäß den Bestimmungen des Friedens sollten beide Teile ihre Kaperschiffe zurückziehen. Aber nach so langem Kriege fielen das völlige Aufgeben der gewinnbringenden Kaperei und die Rückkehr der Seekriegsleute zu dem ruhigen Schiffergewerbe zunächst nicht leicht. Mancherlei Beschwerden veranlaßte das Treiben der Kaper des Ordens, die nach dem Frieden ihre Räubereien eine Weile fortsetzten. Auch Danzig hatte Mühe, seine im Kriege trefflich bewähren Seeleute von Unternehmungen abzuhalten. Christian von Dänemark bot ihnen dazu Gelegenheit. Er wünschte Schiffe und Söldner für seinen Kriegszug gegen Schweden. Danzig hütete sich zwar, durch Gewährung dieses Gesuchs sich dem Vorwurf der Parteilichkeit auszusetzen, und verbot seinen Bürgern öffentlich die Teilnahme an den nordischen Streitigkeiten. Tatsächlich aber hat es nicht verhindert oder nicht verhindern können, daß im Sommer 1467 Danziger Schiffskapitäne, gefürchtete Namen aus dem vergangenen Seekriege, und Söldner in dänische Dienste traten. Sie wurden samt den Dänen vor Stockholm geschlagen, blieben aber im Dienste Christians, der ihre Anwesenheit in Dänemark zu benutzen verstand.

Dem Unfrieden zwischen Dänemark und England, der auch den Absichten der zum Frieden mit England drängenden Hansestädte hinderlich gewesen, sollten Verträge vom Herbst 1465 und Frühjahr 1466 ein Ziel setzen. Darin war den Engländern das oft wiederholte Verbot des Besuches der Landschaften des nördlichen Norwegens und besonders auch Islands ohne Erlaubnis der dänischen Krone von neuem eingeschärft worden. Häufig genug hatten früher die englischen Schiffer das Verbot übertreten, weil der Verkehr mit Island Gewinn brachte. Auch den neuen Vertrag beachteten sie nicht. Im Herbst des Jahres 1467 erschienen englische Schiffer von Lynn und Bristol in Island, hausten dort wie in Feindesland, erschlugen den königlichen Vogt, dessen Leichnam sie ins Meer warfen, plünderten sein Haus und die königliche Kasse, äscherten Häuser ein und raubten, was sie finden konnten. Christian ergriff Repressalien. Als Anfang Juni 1468 sechs englische Schiffe aus London, Lynn und Boston, später noch ein Schiff aus Newcastle mit Ladung von Hull und York, auf der Fahrt nach Preußen im Öresund erschienen, ließ er sie bei Helsingör beschlagnahmen.

Die Nachricht von diesem Ereignis rief in England große Erbitterung hervor. Bei der Wegnahme dieser Schiffe hatten mehrere von jenen Danziger Schiffen unter Führung bekannter Kapitäne mitgewirkt. Man behauptete in England, auch Stralsunder, Lübecker und andere Hansen hätten sich beteiligt, hansische Kaufleute, welche in den englischen Schiffen mitfuhren, und auch andere hätten die Ankunft der Engländer dem Könige verraten, die Absicht Christians sei den Hansen vorher bekannt gewesen. Zweifellos fehlte bei den am meisten beschuldigten Hansestädten, Danzig und Stralsund, wie auch ihr früheres, auf einen Ausgleich mit England hinstrebendes Verhalten erweist, jede Absicht zur unmittelbaren oder mittelbaren Schädigung der Engländer, die sie denn auch aufs bestimmteste leugneten. Gerade die Danziger unterhielten damals eifrig und unbesorgt ihren Verkehr mit England. Es half nichts, daß die hansischen Kaufleute in London die Anklagen der Engländer widerlegten oder bei dem Mangel an zuverlässiger Kunde zu widerlegen sich bemühten. Die tatsächliche Teilnahme der Danziger Schiffe, wiewohl sie in dänischem Solde gestanden, ließ sich nicht in Abrede stellen. Der König konnte der Erregung seiner Untertanen nicht widerstehen. Ende Juli wurden die hansischen Kaufleute vor den königlichen Rat geladen, der Prozeß wurde eingeleitet, die Kaufleute sodann zur Stellung einer Bürgschaft von 20000 Pfund Sterl. als Schadenersatz für die Verluste der Engländer gezwungen, aber nichtsdestoweniger in die Londoner Gefängnisse geworfen; nur wenige entkamen in die Kirchenasyle. Die Londoner Behörden schlossen und versiegelten den Stalhof; alles hansische Gut, dessen man habhaft werden konnte, wurde unter Arrest gelegt. Das gleiche Schicksal traf die anderen Hansen in allen englischen Hafenstädten, auch diejenigen, welche vom Festlande und der Ostsee her nach diesen Ereignissen ahnungslos in englische Häfen einliefen. Die endgültige Entscheidung über das Los Aller wurde bis zum Herbst verschoben.

Vielleicht vollzog Eduard den raschen Beschluß nicht leichten Herzens. Denn er bedeutete eine politische Unbesonnenheit. Die Hanse war bereits wieder einig seit dem Wiedereintritt Lübecks in die Reihe der den Frieden mit England suchenden Städte. Jetzt traf die gewaltsame Behandlung der Hanse in England die ganze Hanse, machte ihre Gesamtheit zum Feinde Englands und verschaffte der leitenden Stadt, der größten Gegnerin Englands, ein volles Übergewicht in der Hanse. Der Bruch mit Danzig, das ohnehin nicht gesonnen war, die Ansprüche des englischen Handels anzuerkennen, verschlechterte die Aussichten Englands im Ostseeverkehr. Der Entschluß Eduards verstärkte daher, politisch betrachtet, die Stellung der Hanse gegenüber England. Man versteht ihn erst recht, wenn man erwägt, daß im englischen Staatsrat nicht nur jener Thomas Kent, sondern auch mehrere

Große saßen, die an den in Dänemark verlorenen Gütern und Schiffen bedeutenden Anteil hatten, unter ihnen auch Warwick, der Plünderer der Lübecker Salzflotte, der Königsmacher, der mächtigste Untertan im Reiche. Schwerlich der Lärm der geschädigten englischen Kaufleute, vielmehr der Eigennutz der Großen trug auch diesmal den Sieg davon über die ruhige Erwägung der Zweckmäßigkeit ihrer Entscheidung.

Auch die Rechtsfrage stand für England nicht günstig. Die Hansestädte, die einzelnen wie die Gesamtheit, wiesen alle Schuld von sich. Die Hansen in England leugneten jede Beteiligung an der Beschlagnahme der Engländer. Zudem verboten die von Eduard anerkannten Privilegien unzweideutig die Haftbarmachung eines Hansen für die Handlungen eines anderen. Von Rechts wegen konnte man sich höchstens an die Danziger oder die Stralsunder oder an die Kaufleute aus anderen mitbeschuldigten Städten halten. Vor allen Dingen lag offen zutage, daß der eigentliche Urheber und Täter nicht eine oder mehrere Hansestädte, sondern der König von Dänemark war, welchem der Friedensbruch der Engländer in Island hinreichenden Grund zur Vergeltung gegeben hatte.

In England begriff man von vornherein, daß die harte Entscheidung gegen die Hansen die politische Lage der jetzt in Feindschaft gegen England geeinten Hansestädte nur verbesserte. Man suchte daher ihre Einigkeit zu stören durch die Freilassung der Kölner. Es hatte sich herausgestellt, daß die Zahl der gefangenen Hansen nicht groß war. Die meisten von ihnen, junge Leute und Faktoren, stammten aus den westlichen Hansestädten. Ihre Auftraggeber saßen daheim in Sicherheit. Durch die Entlassung und Bevorzugung der Kölner hoffte man, England einen Teil der hansischen Zufuhren zu sichern. Als Grund der Freilassung der Kölner bezeichnete der englische Kanzler einen alten, ungeschlichteten Streit Kölns mit Christian von Dänemark. Damit aber erkannte er eben diesen als den Haupturheber der zu rächenden Tat an. Bis zum endgültigen Urteilsspruch blieben auch die Güter der Kölner in Arrest.

Der Ausfall des Urteils konnte kaum zweifelhaft sein. Im November verurteilten Eduard und der Staatsrat die Hansen zum Ersatz des Schadens, den die Engländer in Dänemark erlitten hatten; die Gefangenen blieben in Haft; nach zwei Monaten sollten ihre Güter bis zum Betrage jenes Schadens verkauft werden. Die Kölner dagegen wurden samt ihren Waren freigelassen. Sie blieben im Stalhof und nahmen den Handel wieder auf. Nur wurde auch von ihnen eine ansehnliche Summe erpreßt. Die Stadt London hätte freilich am liebsten gesehen, wenn mit den übrigen Hansen auch die Kölner in Gefangenschaft geblieben und der Handel ihnen gelegt worden wäre. Der Bote, welcher ein von den Kölnern erwirktes Fürschreiben Kaiser Friedrichs für die Hansen von Köln her überbrachte, wurde in den Straßen Londons blutig geschlagen. Zweiunddreißig Wochen haben die Hansen in den Gefängnissen gesessen. Erst im März wurden sie freigelassen, nachdem sie, um loszukommen, ihre Zustimmung gegeben zum Verkauf ihrer auf 5550 Pfund Sterling taxierten Güter bis zum Betrage von 4000 Nobeln. Der Rest blieb beschlagnahmt.

Die Hanse selbst war durch den Gewaltstreich überrascht worden. Sie hatte sich beschränkt auf eine Erklärung ihrer Schuldlosigkeit und auf die Bitte um Befreiung ihrer Kaufleute. Weitere Beschlüsse wurden einer Versammlung vorbehalten, welche im Frühjahr 1469 in Lübeck zusammentreten sollte. Aber auch an anderen Stellen des Festlandes regte es sich schon zugunsten der Gefangenen.

Die Ausübung des Repressalienrechts gegen die Hansen in England wegen eines Friedensbruches von seiten Dänemarks erschien den Neutralen als Willkür und Mißachtung des internationalen Gewohnheitsrechts. Christian von Dänemark nahm die Schuld auf sich allein. Nicht nur von einzelnen Hansestädten, auch von ihren Landesherren liefen in England Fürschreiben ein, zumeist aus der Nachbarschaft des burgundischen Reiches. Nach der zweiten Verurteilung legten auch Karl von Burgund, die Stadt Brügge und die flandrischen Stände bei Eduard und bei London Fürsprache ein für die Hansen. Selbst der Gouverneur der englischen Kaufleute in den Niederlanden, William Caxton, der wenige Jahre später die Buchdruckerkunst in Köln erlernte und sie als erster in England einführte, schrieb in demselben Sinne an London. So begann der Fall weitere Kreise zu ziehen und eine Wirkung zu üben auf das politische Verhältnis Englands zu den Niederlanden. Eduard nahm daraus Anlaß, auf dem Festland eine Denkschrift zu verbreiten, welche die Rechtmäßigkeit seines Urteilsspruches erweisen sollte. Auch schob er, wie erwähnt wurde, die endgültige und vollständige Exekution des Urteils hinaus und begnügte sich mit vorläufigen Gelderpressungen. Sein ganzes Verhalten: das gewaltsame Verfahren, die Absonderung der Kölner und dann wieder die zögernde Ausführung des Urteils, erklärt sich aus der wachsenden Unsicherheit seines Königtums. Er hatte gewiß auch in der hansischen Sache Rücksicht zu nehmen in England auf die ihm feindliche Partei der Lancaster, auf die unter den Yorkisten, welche es mit Frankreich hielten, und auf seine eigenen Parteigänger, endlich jenseits des Kanals auf die burgundische Allianz. Dieses Bündnis diente vorläufig keineswegs zur Befestigung seines Thrones. Es zog ihn hinein in die Strömung der burgundischen Politik, und im Geiste dieser Verbindung war es, daß er in England, um die Nation zu gewinnen, wieder das Banner des nationalen Krieges gegen Frankreich aufrollte. Aber der mächtigste Magnat im Reiche, Warwick, war Anhänger der Allianz mit Frankreich und, wie es heißt, mit Karl dem Kühnen persönlich verfeindet. Karl hätte gern die Vermittlung und Schlichtung des Streites mit der Hanse in seine Hand genommen. Denn dieser Zwist, welcher zu einer englisch-hansischen Fehde auswachsen mochte, war ihm deshalb unbequem, weil er die Stellung Eduards, seines Verbündeten, noch mehr verschlechtern und den Handelsverkehr in der Nordsee und im Kanal stören konnte.

In der Tat unternahm Karl im Frühsommer 1469 den Versuch zu einer Vermittlung. Im Mai nämlich hatten die Hansestädte in Lübeck getagt. Unter Lübecks kluger Leitung erschienen die in ansehnlicher Zahl versammelten Städteboten, Vertreter von dreiundzwanzig Städten von Königsberg bis Nimwegen, diesmal im wesentlichen einmütig und entschlossen. Der Unterschied der inneren Lage gegen früher war schlagend. Nicht allein lebten sofort mit den neuen auch die alten, für England so unbequemen Ersatzansprüche wieder auf, sondern jetzt waren es nicht mehr Lübeck oder dessen Nachbarstädte allein, welche sie stellten, sondern fast die ganze Hanse. Drei Mittel faßte man sofort ins Auge: Krieg gegen England, Verbot der englischen Tücher im Hansegebiet, Abschneidung der Zufuhr nach England. Die Hanse trat von vornherein auf den Standpunkt, daß der englische Urteilsspruch ungerecht, unrechtmäßig und daher nichtig sei. Sodann verfügte sie den Abbruch des Handelsverkehrs mit England. Die inzwischen befreiten Hansen in England sollten sofort die Insel räumen, kein Hanse nach dem 24. Juni England besuchen. Ferner nahm man ein Verbot der Einfuhr englischer Waren, vor allem des Tuches, des Hauptartikels der englischen Ausfuhr, in Aussicht. Sowohl in den Hansestädten, großen und kleinen, wie überhaupt in allen Territorien Norddeutschlands, von Polen bis zu den Niederlanden, gedachte man die englischen Tücher vom Verkehr auszuschließen. Endlich erklärte man sich bereit zur Annahme der Vermittlung Karls des Kühnen.

Dieser und Eduard selbst hatten der Hanse ihren Wunsch nach Verhandlungen über einen Ausgleich, die unter den Auspizien des Herzogs in Brügge gepflogen werden sollten, zu erkennen gegeben. Die Hanse ging darauf ein, offenbar allein mit Rücksicht auf den mächtigen Herzog, aber sie begnügte sich, in der Voraussicht der Nutzlosigkeit dieser Verhandlungen, mit der Bevollmächtigung der Vorsteher ihres Brügger Kontors und band diese ihre Vertreter durch eng umschriebene Verhaltungsmaßregeln. Als Gegenleistung für die Hinausschiebung des offenen Bruches mit England forderte sie zum mindesten die Rückgabe des in England noch unter Arrest liegenden Gutes und rückte für den Fall weiterer Friedens= verhandlungen die heikle Frage des alten und neuen Schadenersatzes in den Vordergrund.

Der Mißerfolg der Vermittlung war also vorauszusehen. Jene Denkschrift der Engländer ließen die hansischen Vertreter in Brügge mit viel Schärfe und Gelehrsamkeit widerlegen. Sie machten kein Hehl daraus, daß es ihnen schwer würde, durch Ver= handlungen von zweifelhaftem Erfolge die gute Gelegenheit zum Kriege gegen England zu versäumen. Indessen kamen sie den Friedenswünschen des Herzogs weit entgegen. Sie knüpften ihre Zustimmung zu weiteren Verhandlungen mit England an die Bedingung, daß bis dahin das beschlagnahmte hansische Gut un= veräußert im Arrest bleibe, die in der Gefangenschaft zugestandenen Gelöbnisse der Kaufleute nicht ausgeführt und die Exekution des englischen Repressalienverfahrens aufgeschoben werden sollten. Auch davon wollten die englischen Gesandten nichts wissen. Sie befanden sich freilich in übler Lage. Der Bestand der Herrschaft ihres

Königs erschien ihnen unfraglich ebenso unsicher wie dem Herzog Karl. Denn gerade in diesen Wochen der Brügger Beratungen vollzog Warwick den entscheidenden Streich gegen Eduards Herrschaft, indem er seine Tochter dem Bruder des Königs, dem Herzog von Clarence, vermählte, worauf in England der Aufruhr gegen Eduard losbrach.

Für die Hanse war das letzte Wort gesprochen. Nachdem der „Weg des Rechtes" verschlossen, blieb nur der „Weg der Tat" offen. Die Hanse hatte dem Herzoge von Burgund ihre Geneigtheit zum Frieden bewiesen. Karl billigte keineswegs das Verfahren Eduards gegen die Hansen in England. Er war der Hanse dankbar, daß sie seine Vermittluug angenommen, und damit einverstanden, daß sie jetzt zum völligen Abbruch des Handelsverkehrs mit England schritt. Nur der offene Krieg gegen England, der erfahrungsmäßig den neutralen Handel zu stören pflegte, fand seinen Beifall nicht. Seine Haltung bestimmte die Allianz mit Eduard, die das Fundament seiner äußeren Politik war. Sie aber sollte ihm den Rücken decken für die Durchführung seiner Entwürfe auf dem Festlande, für die Ausdehnung seiner Herrschaft und für die Verwirklichung der Königspläne, denen schon sein Vater nachgestrebt hatte. Dazu bedurfte er aber der Sicherheit des Thrones seines englischen Alliierten und für seine Untertanen der Erhaltung des Friedens und des friedlichen Verkehrs auf der See und auch im Gebiete der Hanse.

Diese Doppelstellung Burgunds zu England, wo mit dem Bestande der Herrschaft Eduards auch der der englischen Allianz in Frage gestellt war, und zur Hanse, mit welcher es Frieden halten wollte, bot der Hanse die erste Gelegenheit zur Eröffnung der Feindseligkeiten gegen England. Aus burgundischen Häfen liefen im Herbst 1469 die ersten, von Hansen ausgerüsteten Kaperschiffe gegen die Engländer aus. Damit begann der Seekrieg gegen England, der einzige, welcher zwischen der Hanse und dem Inselreiche und überhaupt jemals zwischen Deutschland und England geführt worden ist.

Nicht auf den wenigen Kriegsschiffen, welche die größeren Hansestädte in ihren Häfen zu steter Verfügung bereithielten, beruhte die maritime Kraft der Städte in Kriegsfällen. Diese Schiffe, welche die Städte ihre Hauptschiffe nannten, sind auch in den ersten Jahren der englischen Fehde nicht ausgerüstet worden. Vielmehr die Leichtigkeit, zahlreiche Kauffahrer jeder Art und Größe in Kriegsschiffe umzuwandeln, sie in kurzer Frist mit Söldnern zu besetzen und mit Handwaffen, Büchsen, Geschützen, Proviant und aller kriegsmäßigen Ausrüstung zu versehen, konnte den Städten, wenn sie zu gemeinsamen Anstrengungen entschlossen waren, ein Übergewicht auf der See über die Nationen des Nordens verschaffen. Auch jetzt war kein Mangel an Geld und Leuten, am wenigsten in Danzig, wo die im langjährigen Seekriege erprobten Kapitäne die Gelegenheit zur Wiederaufnahme ihres kühnen Handwerks, diesmal in der Nordsee gegen England und auch, wie wir sehen werden, gegen Frankreich, gern ergriffen. Auch burgundische Untertanen nahmen Kriegsdienste auf den ersten hansischen Kapern.

Vom Brügger Kontor und anderen unternehmungslustigen Schiffern und Kaufleuten gingen im Herbst 1469 die ersten Rüstungen aus. Mehrere in der Ostsee berüchtigte Namen verbreiteten jetzt ihren Schrecken unter den Schiffern der Nordsee und des Kanals. Sie führten ihre englische Beute nach Sluis in Flandern, nach Arnemuiden in Seeland; ein großes Schiff aus Newcastle wurde nach Seeland aufgebracht. Anfangs geschah das mit Zustimmung Karls des Kühnen. Aber seit Anfang des Jahres 1470 zog dieser seine Erlaubnis zurück. Sein Bundesverhältnis zu Eduard IV. und die Hoffnungen, welche er auf dessen Königtum setzte und setzen mußte, ließen eine dauernd offene Begünstigung der Feinde Englands doch nicht zu. Er verbot seinen Untertanen die Beteiligung an den hansischen Kapereien, die Verproviantierung der hansischen Auslieger; ja, er befahl, diese festzuhalten, wo sie in burgundischen Häfen und Gewässern erschienen. Das hinderte die Fortsetzung der Feindseligkeiten keineswegs. Mehrere hansische Kaper überwinterten im Hamburger Hafen und stachen schon wieder in See, bevor im Januar das Eis der Elbe die Schiffahrt hinderte.

Vom Frühjahr bis in den nächsten Winter hören wir von einzelnen Kämpfen in der See. Begreiflicherweise entziehen sich die Ereignisse eines Seekrieges um so leichter der genaueren Feststellung, als dieser Krieg nicht von größeren Flotten, sondern von den einzelnen oder zu kleinen Gruppen vereinigten Kapern geführt wurde. Am meisten gefährdeten die Angriffe der Hansen die lebhafte Schiffahrt zwischen den Niederlanden und England. Kölnische Kaufleute verloren im April und später ansehnliches Gut in den Schiffen, welche von den hansischen Ausliegern an der niederländischen Küste erbeutet wurden. Bei einem Zusammenstoß einer größeren englischen Flotte von 11 Schiffen mit zwei von den Kapern, die aus Danzig stammten, wurden diese überwältigt, während ein englisches Schiff in den Grund gebohrt wurde. Andere Hansen beteiligten sich an der gleich zu erwähnenden burgundischen Expedition nach Frankreich. Im Oktober nahm ein Hamburger Auslieger an der Küste Seelands mehrere mit englischem Gut befrachtete Schiffe, die auf der Fahrt von Bergen op Zoom nach Calais begriffen waren. Sie wurden nach Kampen gebracht, wo man die Ladung löschte und alsdann zum Verkauf auf den nächsten Deventer Markt führte. Ein Schiff mit schottischem Gut schleppten die Auslieger in westfriesische Häfen. Die Zahl der hansischen Kaper mag über ein Dutzend betragen haben. Sie vermehrten sich schnell durch Elemente, welchen die Kriegsläufte willkommenen Anlaß boten zur scheinbar legitimen Ausübung der Seeräuberei. Besonders die stets zum Seeraub bereiten Friesen regten sich, griffen vor der Elbe Handelsfahrzeuge an und ließen die Städte Maßregeln zum Schutze ihrer eigenen Schiffahrt nach dem Westen in Aussicht nehmen. Ein Auslieger, der sich für einen hansischen Kaper von Oldenburg ausgab, fing im Hafen von Sluis zwei mit Wein und anderem Gut beladene Karavellen, die von Bordeaux kamen, und führte sie nach Hamburg. Hier gab man ihm freilich nur Geleit für das feindliche Gut; die Hansestädte schritten ein und versprachen die Befriedigung der geschädigten Eigentümer. Die Zahl der Auslieger wuchs unaufhörlich, denn sie bemannten die erbeuteten Schiffe mit eigenem Schiffsvolk und konnten so in verstärkter Zahl in der See auftreten. Sie fielen Engländer, Franzosen, Bretagner und Niederländer ohne Unterschied an; das Kaperwesen artete in Seeraub aus. Die Beschwerden, welche in Burgund verlauteten und zum Herzoge drangen, wurden dem Kontor in Brügge immer lästiger.

Die Verwirrung, die in diesem blinden Zugreifen der hansischen Kaper zutage trat, war indessen nichts anderes als eine Begleit=

erscheinung des politischen Wirrwars, der noch immer in dem
weiteren Gebiete der Küstenländer des Kanals herrschte.

Das Scheitern der Verhandlungen mit den Engländern in
Brügge hatte die Fehde, wie erwähnt, unvermeidlich gemacht.
Das in England unter Arrest liegende Gut gab man verloren.
Die hansischen Kaufleute konnten froh sein, wenn sie ihre Person
aus England in Sicherheit brachten; nur die Kölner waren von
dem Mißgeschick Aller verschont geblieben. Die Hansestädte ließen
zunächst ihren Kaperschiffen durchaus freie Hand. Am eifrigsten
rief Danzig nach energischer Kriegführung der Städte selbst gegen
England und Frankreich. Des Seekrieges kaum entwöhnt, hatte
es mehr und geübtere Seemannschaften zur Verfügung als die
anderen Städte; es konnte sie nicht nützlicher beschäftigen als in
dieser Fehde. Zudem war es wegen eines großen Schiffes aus
La Rochelle, das vor Jahren fast wrack in den Danziger Hafen
eingelaufen und dort verblieben war, in einen Streit geraten mit
dessen französischen Eigentümern, denen schließlich Ludwig XI.
Repressalien gegen Danzig und die Hanse erlaubte. Danzigs Ver=
halten in der Sache dieser großen Karavelle erschien nicht einwand=
frei, und wenn es jetzt zum Kriege mit Frankreich drängte, geschah
es aus diesem besonderen Grunde. Aber richtig war, daß im
Hinblick auf die Beziehungen Frankreichs zu England Freund und
Feind kaum unterschieden werden konnten; im Grunde war es, nach
Danzigs Worten, ein Werk mit beiden. Schon im ersten Winter
sind daher hansische Kaper wie gegen England so auch gegen die
Franzosen ausgelaufen.

Auf ihrer Versammlung im Mai und Juni 1470 trat den
Hansestädten das vorläufig entscheidungslose Ringen der Westmächte
um das Übergewicht in England und um den Bestand der englisch=
burgundischen Allianz greifbar vor die Augen. Das Auftreten der
hansischen Kaper bedeutete ein neues Gewicht in der Wagschale der
Politik zugunsten der Hanse. Eduards Herrschaft war vollends
erschüttert; England hatte vorübergehend zwei Könige in Gefangen=
schaft gesehen; Warwick beabsichtigte, Eduards Bruder Clarence
auf den Thron zu erheben. Das Haupt der Lancaster, die ver=
triebene, unter Frankreichs Schutz lebende Königin Margareta,
warb mit ihrem Sohne bei den Hansestädten um kriegerischen
Beistand gegen Eduard. Ludwig XI. und auf dessen Befehl der

Admiral von Frankreich beeilten sich ebenfalls, der Hanse mit dem Frieden ein Bündnis und sicheren Handelsverkehr in Frankreich anzubieten und den hansischen Kriegsschiffen für ihre Unternehmungen gegen die Engländer die Häfen der Normandie zu öffnen. Selbst Schottland suchte die Freundschaft der Hanse. Endlich erschien Karl der Kühne im Auftrage Eduards wieder mit einem Angebot zur Vermittlung des englisch=hansischen Streites: Neue Verhandlungen sollten stattfinden, inzwischen der Krieg eingestellt werden.

Erst eine neue Städteversammlung nahm im September Stellung zu diesen Anträgen. Der Besuch dieser Tagfahrt entsprach der Bedeutung der zur Entscheidung gestellten Fragen. Fünfzig Städte, darunter fast alle größeren aus allen Territorien, waren vertreten, die meisten von ihnen durch Gesandte, andere durch Vollmachten. Ihre Beschlüsse verrieten das Vorwalten der wohlberechneten und beharrlichen Politik Lübecks, die jetzt verdiente Anerkennung fand. Ihre Richtung läßt sich kurz dahin zusammenfassen: gegenüber England Fortsetzung des Kaper= und Handelskrieges, gegenüber Karl dem Kühnen, auf welchen alles ankam, williges Entgegenkommen unter Festhalten an den wesentlichen Forderungen der Hanse. Jegliche Zufuhr aus England wurde verboten, ebenso jede Einfuhr englischer Waren nach Martini in die Hansestädte. An alle großen Landesherren in Livland, Preußen, Polen, Dänemark, Bremen=Münster, Utrecht, Geldern, Kleve, Lüttich ergingen Aufforderungen zum Ausschluß der englischen Waren aus dem Verkehr. Auch die niederländischen Handelsstädte, deren Wettbewerb der Krieg hätte fördern können, wurden gewarnt vor der Einfuhr englischer Güter in das Gebiet der Hanse. Dem Herzog Karl, der sich in seinen Plänen und Unternehmungen durch die hansischen Kaper gehindert fand, versprach man den Aufschub der Ausrüstung der städtischen Hauptkriegsschiffe bis zum Frühjahr, ohne übrigens die in Aktion befindlichen Kaperschiffe zurückzurufen. Man erklärte sich grundsätzlich bereit zur Wiederaufnahme der Verhandlungen mit England und zur Annahme der Vermittlung Karls. Aber mehr als den bloßen Grundsatz gestand man nicht zu: die wirkliche Aufnahme der Unterhandlungen wurde geknüpft an die Bedingung einer vorhergehenden Erklärung Karls, daß er der Hanse Schadenersatz, Genugtuung für das über die Hansen er=

gangene Urteil und Wiedereinsetzung in ihre Privilegien verschaffen werde. Der Herzog sollte demnach von vornherein eine Garantie übernehmen für einen der Hanse günstigen Ausgang der Friedensberatungen.

Die sichere und einmütige Haltung der Städte bekundete sich endlich in ihrem Verfahren gegen das abtrünnige Köln. Seit dem Beginn des Mißgeschicks der Hansen in England erfreuten die Kölner sich, wie gesagt, einer parteiischen Bevorzugung durch die englische Regierung. Sie blieben frei und im Besitze des Stalhofes. Um ihre gefangenen Landsleute kümmerten sie sich wenig und blieben auch in England, als die Hansestädte ihre Angehörigen von dort abriefen. Von Köln erhielten sie Verhaltungsbefehle. Köln glaubte die Zeit gekommen, sich und seinen Handel dem oft lästigen Zwang der hansischen Gesamtheit und dem in der Hanse vorherrschenden Einfluß Lübecks entziehen zu können. Es wies seine Kaufleute in England an, sich völlig auf eigene Füße zu stellen, jede organisatorische Verbindung mit den übrigen Hansen abzubrechen, eine eigene Genossenschaft zu bilden, für sich allein Privilegien zu erwerben, kurz, in jeder Hinsicht sich abzusondern von der hansischen Gemeinschaft. Es glaubte, zu dem alten Zustande in den Tagen der Plantagenets zurückkehren zu können, als es noch der Vorort war für die in England verkehrenden Deutschen, und bemerkte nicht, daß die Zeiten sich auch darin geändert hatten, daß es selbst als Landstadt bei der Entscheidung des Streites mit dem Inselreiche nicht das in die Wagschale werfen konnte, worüber die Seestädte verfügten: eine Seemacht. Es bat um die Wiederherstellung seiner alten, von den normannischen Königen verliehenen Freiheiten und vergaß, daß gerade die vielbeneideten Vorrechte der Deutschen in England erst längere Zeit nach dem Aufgehen der Kölner in die gemeinhansische Korporation der Deutschen im Stalhofe und eben durch diese erworben waren. Es rechnete auf den Geist der Zwietracht unter den Hansestädten, welcher bisher in dem Verhältnis der Hanse zu England obgewaltet und jeden Erfolg vereitelt hatte, und übersah, daß die Einheit, soeben hergestellt, gerade durch sein eigenes Verhalten befestigt werden mußte. Es verließ sich sogar — und das war sein größtes und einer gewissen Ironie nicht entbehrendes Mißgeschick — auf Karl den Kühnen.

Kölns Befehlen gemäß richteten die Kölner sich in England

ein. Die Gebote der Hansestädte beachteten sie nicht; keine andere Autorität galt ihnen als die ihrer Heimatstadt; ihnen allein wurden die Privilegien wieder bestätigt. Die Erbitterung über dieses gehässige und bundesbrüchige Verhalten der Kölner, über einzelne verräterische Handlungen gegen bedrängte Landsleute in England, die man ihnen vorwarf, wuchs allerorten in den Hansestädten. Noch ein anderes kam hinzu. Der Streit mit dem hansischen Kontor in Brügge, in welchem Köln ebenfalls die Idee der Vorherrschaft partikularer und einzelstädtischer Interessen in den auswärtigen Niederlassungen der Hanse verfocht, die meisten Hansestädte dagegen für die Erhaltung und Stärkung der Autorität des Kontors über die widerspenstigen Kölner eintraten, war im März 1470 vom Conseil Karls des Kühnen zu Kölns Gunsten entschieden worden. Köln vermied den Besuch der hansischen Tagfahrten seit mehreren Jahren, lehnte aber die Verbindlichkeit aller Beschlüsse der Städte für sich ab. Die Lübecker Tagfahrt zog jetzt nur die Folgerungen aus dem Verhalten Kölns, indem sie es vom Februar 1471 ab aus der Hanse ausschloß. Bis Genugtuung geleistet, sollten die Kölner mit ihren Gütern in allen Hansestädten und deren Gebieten zu Land und Wasser sowie in den vier großen Niederlassungen zu Brügge, London, Bergen und Nowgorod vom Verkehr und aus jeglicher Handelsgemeinschaft ausgeschlossen sein. Ein letzter Versuch zur Versöhnung mit Köln, welchen im Auftrage der Tagfahrt einige westliche Städte unternahmen, blieb, wie zu erwarten, ohne Erfolg.

Nun war die Bahn für die Hanse nach allen Seiten frei. Eine einigermaßen günstige Wendung im Kampfe der Westmächte mußte den Sieg bringen. Warwicks Pläne scheiterten in England; er entfloh nach Frankreich, versöhnte sich dort mit den Lancasters und rüstete für eine Expedition nach England. Um sie zu verhindern, seinen Bundesgenossen Eduard zu schützen und Vergeltung zu üben für die Beraubung niederländischer Schiffe durch Warwick, ließ Karl der Kühne eine große Flotte, in welche auch hansische Kaper eingereiht waren, vor den Häfen der Normandie kreuzen. Ein Sturm jagte die Flotte auseinander. Warwick bewerkstelligte im September seine Überfahrt; Eduard ergriff die Flucht nach dem Festlande. Scharf verfolgt von hansischen Kapern, brachte er sich und seine geringe Begleitung mit genauer Not an der Küste der

Insel Texel in Sicherheit. Ein halbes Jahr lang triumphierte Lancaster; Heinrich VI. wurde aus dem Gefängnis hervorgeholt; als der wahre Herrscher in England schaltete Warwick; Ludwig XI. begann wieder den Krieg gegen Burgund.

Während dieser Monate des tiefsten Standes der burgundisch-englischen Allianz bewährte sich die Natur Eduards. In Friedenszeiten sorglos und genußsüchtig, als Politiker das schroffe Gegenteil des stets mißtrauischen und tief verschlagenen Ludwig XI., war Eduard ausgestattet mit um so glänzenderen kriegerischen Fähigkeiten. Unterstützt von seinem Verbündeten, rüstete er während des Winters in den befreundeten Niederlanden eine Flotte. Karl schlug der Hanse eine Vereinigung seiner und der hansischen Kriegsschiffe vor, um gegen Lancaster und Frankreich die See zu halten. Die hansischen Kaper waren inzwischen nicht müßig. Sie erbeuteten mehrere Schiffe aus Caen und Dieppe und fingen in einem von ihnen den Mayor von London. Ludwig XI. hatte die Gelegenheit wahrgenommen, um in England eine Schaustellung französischer Industrieerzeugnisse und kostbarer Waren zu veranstalten. Ein Teil derselben fiel der Habgier Warwicks zum Opfer, der Rest bei der Rückreise nach Frankreich in die Hände der Hansen. Engländer von Warwicks Partei wurden von den Hansen im Kanal aufgegriffen und dem König Eduard in den Niederlanden ausgeliefert. So gingen denn viele hansische Auslieger bereitwillig auf die Werbung Eduards ein. Die Flotte, welche ihn Anfang März an die englische Küste hinüberführte, bestand zum großen, wenn nicht zum größten Teil aus hansischen Schiffen.

Es war der glückliche Anfang eines raschen, entscheidenden Siegeszuges. Die Schlachten bei Barnet und Tewkesbury im April und Mai bereiteten der kurzen letzten Episode der Lancasterherrschaft samt der Rebellion Warwicks ein blutiges Ende. Auf dem Grunde dieser Siege und des völligen Ruins seiner Feinde gewann endlich das Regiment König Eduards einen dauernd sicheren Bestand.

Aber eine unmittelbare Wirkung auf die Verständigung zwischen der Hanse und England hat auch dieser jähe Schicksalswechsel nicht ausgeübt. Trotz des offenkundigen Zerwürfnisses zwischen Köln und seinen Mithansestädten verharrte England bei der Bevorzugung der Kölner. Wie der letzte, unglückliche Lancaster bestätigte auch der siegreiche Eduard den Kölnern auf kurze Frist ihre Freiheiten. Auf dem Kontinent traten die Sperrmaßregeln und die Verhansung Kölns in Kraft. Manchmal umgangen, von den Kölnern nicht beachtet, von dem Argwohn einzelner Hansestädte in Bezug auf strenge Beobachtung in Zweifel gezogen, brachten gleichwohl diese Verkehrsverbote in weiten Gebieten die beabsichtigte Wirkung hervor. Große Teile Westdeutschlands, vor allem auch die Ostseegebiete verschlossen sich den englischen Waren. Dazu ging der Kaperkrieg in der Nordsee ohne Unterlaß weiter. Danzig drängte wieder zu kräftiger Teilnahme der Städte an dem Seekriege, zur Ausrüstung größerer Flotten gegen die Engländer. Hamburg und Lübeck ließen zwar den hansischen Kapern freie Bewegung, zögerten aber nach wie vor mit der Rüstung städtischer Schiffe, zum Teil wegen der Söldnerwerbungen, welche Christian von Dänemark in ihren Städten veranstalten ließ für seinen Feldzug nach Schweden, der im Herbst am Brunkeberge bei Stockholm gänzlich mißglückte, zum Teil, weil sich die Notwendigkeit herausstellte, die Handelsschiffahrt zwischen Flandern und Hamburg durch bewaffnete Begleitschiffe zu schützen. Schließlich ging Danzig allein vor. Es sandte im Herbst 1471 zwei Kriegsschiffe, darunter das große, neu instandgesetzte französische Schiff, um dessentwillen es in jenen Streit mit Ludwig XI. geraten war, in die Nordsee nach den Niederlanden. Doch die Erfolge waren mäßig.

Zwar kam es bei der allgemeinen politischen Lage für die Hanse weniger an auf große kriegerische Erfolge zur See als überhaupt auf die Fortsetzung des Krieges, der den englischen Handel im Norden und Osten der Insel stören sollte, wie ihn der französische im Süden unterband. Aber für die Durchführung eines Seekrieges gegen England in größerem Umfange fehlten überhaupt die unerläßlichen militärisch-politischen Voraussetzungen. Die hansischen Kriegsschiffe besaßen für ihre Unternehmungen gegen England keine geeignete Operationsbasis. Ein englischer Handel nach dem Nordosten, nach dem Sund oder in der östlichen Nordsee, bestand nicht mehr. Man mußte ihn also aufsuchen an den englischen Küsten, ferner da, wo der Verkehr am stärksten war, zwischen den Niederlanden und England und überhaupt im Kanal. Aber sowohl für planmäßig vorbereitete wie für improvisierte Unternehmungen in diesen Gegenden waren die Mündungen der

Weser und Elbe, die als Ausgangspunkte und Zufluchtshäfen dienen konnten, zumal bei dem wenig durchgebildeten Stande der Segelkunde zu weit abgelegen, vor allem für die Kriegsschiffe der Ostseestädte; ebensowenig boten die gefährlichen friesischen Küsten gute Sicherheitshäfen. Nur die Häfen der burgundischen Küstenprovinzen besaßen die Vorzüge, welche als Vorbedingung gelten konnten für aussichtsvolle Seekriegsunternehmungen gegen die Engländer. Über diese fast allein in Betracht kommenden Häfen verfügte aber unumschränkt Karl der Kühne. Vorübergehend, Mitte des Jahres 1471, hat dieser seine Häfen wieder den Danziger Kriegsschiffen geöffnet, die ja auch gegen seine französischen Feinde Krieg führen wollten. Im Winter schritt er bereits von neuem ein mit öffentlichen Befehlen, welche den Söldnerdienst auf hansischen Schiffen, die Verproviantierung derselben und den Ankauf von Prisengut untersagten. So haben manche Übelstände, vornehmlich der Mangel an sicheren Stützpunkten, Schwierigkeiten der Verpflegung und daher Unbotmäßigkeit des Schiffsvolkes, dazu beigetragen, die Leistungen der hansischen Kriegsschiffe zu beeinträchtigen.

Erst im Jahre 1472 kam wieder neues Leben in die kriegerischen Aktionen auf der See. Auch die Franzosen und die Engländer erschienen jetzt mit großen Flotten auf dem Hauptschauplatz, dem Fahrwasser vor den Niederlanden. Längst wurde die Schiffahrt zwischen den niederländischen und den englischen Häfen durch bewaffnete Söldnerschiffe gedeckt.

Schon im Winter sandte Hamburg einige Kriegsschiffe aus, und im Februar beschlossen Lübeck und Hamburg die Ausrüstung weiterer städtischer Schiffe. Lübeck stellte vier Schiffe, darunter den „Mariendrachen" und den „Georgsdrachen", Hamburg mindestens ebensoviele, darunter die „Große Marie" und den „Fliegenden Geist". Für die Geschichte der berühmten Schiffersage ist von Interesse, daß, — wie es scheint, von den hansischen Seeleuten selbst, und zwar von den Hamburgern, — mit dem Namen des Geisterschiffes auch der des sagenhaften Seeräubers Störtebeker in Verbindung gesetzt wurde. Auch Bremen brachte ein Kriegsschiff in die See. In Hamburg und Lübeck beteiligte sich die Bürgerschaft eifrig an der Rüstung: der Rat und die beitragleistenden Bürger verabredeten Halbpart an der Beute eines jeden Schiffes.

über Rüstungen anderer Hansestädte verlautet nichts. Mancherlei Nachrichten liegen vor über einzelne Scharmützel und Fahrten der Auslieger, über Erfolge und Mißgeschick. Die Danziger, verstärkt durch einige erbeutete bretagnische Schiffe, unternahmen in den ersten Monaten des Jahres einen Zug längs den Küsten Englands und der Bretagne, konnten aber nur ein französisches Schiff aufgreifen. Im März kämpften englische und hansische Schiffe an der flandrischen Küste; ein Osterling wurde übersegelt. Mehrere Auslieger fielen in französische Gefangenschaft. Die Bremer vergriffen sich in burgundischem Gewässer an Schiffen aus Portugal und Bergen op Zoom, erlitten Schiffbruch, wurden in Holland und Seeland an Land getrieben, dort gefangen und als Seeräuber hingerichtet.

Ebensowenig war das Glück den Lübeckern hold. Während die große Danziger Karavelle zur Ausbesserung im Brügger Hafen lag, erschien Mitte Juni im Kanal eine starke französische Flotte von 18 Schiffen unter dem Befehl des kühnen Vizeadmirals Wilhelm von Casanova, dessen Beiname Coulon oder Columb früher zur Annahme der Identität seines Trägers mit keinem Geringeren als Christoph Columbus verleitet hat. Die Lübecker und andere Hansen, 6 Schiffe stark, kämpften mit ihnen und wichen vor der Übermacht zurück in die Wielinge, zwischen Walcheren und Seeflandern. Coulon, auf 29 Schiffe verstärkt, beherrschte die See und sperrte den Kanal. Sogleich beeilte sich Eduard, ihm eine schleunigst ausgerüstete Flotte von über 20 Schiffen entgegenzuwerfen, vor welcher die Franzosen sich nach der Normandie zurückzogen. Die Engländer aber unter Lord Howard, von den Seeländern über die Schwäche und ungeschützte Lage der Lübecker bei Vlissingen unterrichtet, überfielen mit Hilfe der Seeländer im Juli die lübischen Schiffe und nahmen sie sämtlich weg. Besseren Erfolg hatten die Hamburger. Sie erbeuteten fünf bretagnische Schiffe, dazu andere aus England, Irland und Spanien, und blieben bis in den Winter in der See. Im Spätsommer deckten die Danziger die Fahrt einer reichbeladenen hansischen Handelsflotte von Flandern nach der Elbe.

Inzwischen ließen sich schon die politischen Wirkungen des Krieges wahrnehmen. In dem Kampf der Mächte triumphierte und behauptete sich als die feste Achse der westeuropäischen Politik die burgundisch=englische Allianz. Die Lancastersche Episode diente

Eduard zur Warnung und band ihn noch enger an Karl den Kühnen. Denn auch diesem kam ein großes Verdienst um die Wiederherstellung Eduards zu. Eduard hatte Ursache zur Dankbarkeit, Vorsicht und Festigkeit: dankbar zu sein durch Festhalten an der Allianz und durch Unterstützung der Unternehmungen Karls; vorsichtig, um seinen Thron nicht noch einmal ins Wanken zu bringen; fest, um nicht, wie früher, durch Berücksichtigung persönlicher und partikularer Interessen seiner Untertanen die in so weitem Umfang zurückgewonnene Autorität wieder zu zersplittern. Diese Wendung kam schließlich doch der Hanse zustatten. Denn zweifellos lag wie die Initiative in der Allianz so auch die endliche Entscheidung des hansisch-englischen Konfliktes bei Karl. Dieser mißbilligte, wie wir sahen, das Vorgehen Eduards gegen die Hanse in England, wiewohl es ihm aus der früheren unfreien Situation Eduards verständlich sein mochte. Solche Hinderungs- und Milderungsgründe fielen jetzt weg. Nun versetzte der Krieg der Hansestädte gegen England den Herzog in einen inneren Widerstreit. Auch mit der Hanse wollte er Frieden. Seine Untertanen von Holland und Seeland, welche den hansisch-englischen Konflikt gern benutzt hätten, um dem Handel ihrer Feinde, der wendischen Hansestädte, nach Flandern einen Schlag zu versetzen, zwang er mit unbeugsamer Strenge, Frieden zu halten. Im Süden durch Frankreich bedroht, dabei begierig, seine Eroberungsabsichten gegen Geldern und am Oberrhein durchzuführen, wünschte er, wie uns bekannt, sein Reich im Rücken durch England gedeckt und seine Untertanen in ungehinderter, friedlicher Ausübung ihres Verkehrs nach dem Osten.

Die Unklarheit, welche in der Tatsache der englisch-hansischen Fehde und der hansisch-burgundischen Freundschaft bei Fortbestand der englisch-burgundischen Allianz lag, konnte nur beseitigt werden durch Beendigung des englisch-hansischen Streites. Die Entfernung dieser Schwierigkeit bedeutete aber für die Alliierten, der Hanse entgegenkommen und ihrem Standpunkt sich nähern.

Karl erneuerte bei den Hansestädten im Spätherbst 1471 seinen alten Vermittlungsvorschlag, erhielt aber in der Hauptsache die gleiche Antwort wie früher. Da begann denn England einzulenken, sicherlich nicht ohne Mahnung Karls. Hansische Schiffe hatten Eduard die letzte, siegreiche Invasion ermöglicht; der den burgundisch=englischen Zwischenverkehr störende Seekrieg zog sich in die Länge und verringerte die Aussichten auf Verwirklichung der alten Wünsche Englands im Ostseehandel. Ganz England, außer London, verlangte bereits nach Frieden mit der Hanse, denn die englische Tuchindustrie verlor durch die hansische Handels= sperre ihr größtes Absatzgebiet. Englische Gesandte knüpften ins= geheim schon im Mai 1472 mit den Vorstehern des hansischen Kontors in Brügge die ersten Friedensverhandlungen an und ver= ständigten auch Lübeck von der neuen Lage, nämlich daß König, Edelleute und Kaufleute in England zur Wiederherstellung des Friedens zwischen den Deutschen und den Engländern bereit seien.

Lübeck verstand und benutzte die Gunst der Zeit. Den Hanse= städten erklärte es seine Bereitwilligkeit zum Frieden, wodurch die Einheit der Hanse erhalten und Lübeck die politische Leitung gesichert wurde; den Engländern verriet es weder Eile noch Freude; indem es den Beginn der Verhandlungen ins nächste Jahr hinaus= schob, ließ es den Kriegszustand mit England fortbestehen und die Hanse Zeit gewinnen zur inneren Verständigung und Vorbereitung. Die Städte Danzig und Lübeck als solche haben sich im letzten Kriegsjahre nicht mehr an der Fehde beteiligt. Nur Hamburg setzte mit seinen Kriegsschiffen die Fehde fort und erbeutete noch einige Kauffahrer aus England und Spanien, während die große Danziger Karavelle unter der selbständigen Führung des Paul Beneke im April 1473 an der englischen Küste sich einer von den Niederlanden nach London segelnden Galeide bemächtigte, welche unter der überaus kostbaren, größtenteils Florentiner Kaufleuten gehörigen Ladung zwei Gemälde barg, von denen das „Jüngste Gericht" Hans Memlings noch heute die Marienkirche in der Heimatstadt des Siegers ziert. Seit dem 25. Juni 1473 trat an die Stelle des Krieges ein Waffenstillstand, welcher alsdann unmittelbar in den endgültigen Frieden überging. Wie nach allen Kaperkriegen mochten auch diesmal einige, zumal in dänische Dienste getretene Freibeuter das Raubhandwerk nicht so bald aufgeben. Das hinderte aber weder den Frieden noch die Wiederaufnahme des Handelsverkehrs.

Wenn man nach den Gründen fragt, aus welchen der lange Streit der Hanse mit England in dem Frieden von Utrecht einen für die Hanse überaus günstigen Ausgang nahm, so ergibt sich die Erklärung für das Verhalten Englands vor allem aus dem uns bekannten Charakter der englisch=burgundischen Allianz. Eduard war fest entschlossen, den alten Zwist mit der Hanse endlich und dauernd aus der Welt zu schaffen. Er beteuerte diesen Vorsatz in unzweideutiger Form. Der Lübecker Rat befand sich genau auf der rechten Fährte, wenn er sagte, daß die Hanse jetzt oder nie, von diesem Könige, aber von keinem seiner Nachfolger erreichen könne, was sie brauche. Es handelte sich für Eduard nicht mehr allein um Gewährung weitgehender Zugeständnisse an die Hanse, sondern darum, daß dieselben in eine für England ehrenvolle Form gekleidet wurden. Denn es gab in der Menge der gegenseitigen Ansprüche und Forderungen einige Punkte, bei welchen die Ehre Englands gestreift wurde. Wie Eduard befürwortete auch Karl den Frieden. Kurz vor dem Beginn der Hauptverhandlung über den Frieden trat Karl mit der Unterwerfung Gelderns die Reihe von Unternehmungen an, die ihn, wie er hoffte, zum Herrn über den ganzen Westen des Deutschen Reichs machen sollten. England war dabei die Aufgabe zugedacht, ihm den gefährlichen französischen Nachbar im Zaum zu halten, und über die dem Frieden zurückgegebene Nordsee sollten den Niederlanden die Zufuhren aus dem Osten gesichert bleiben.

Die burgundisch=englische Interessengemeinschaft verlieh den Friedensverhandlungen ihren eigenen Charakter und verbürgte der Hanse den Erfolg. Sie kam auch darin zum Ausdruck, daß Eduard an die Spitze seiner zur offiziellen Vorbereitung der Hauptverhandlung nach Flandern geschickten Gesandten einen der höchsten burgundischen Staatsbeamten stellte, den in seinem und Karls Vertrauen stehenden Statthalter von Holland und Seeland, den Herrn von Gruthus. Später mußten die Engländer und die Burgunder — denn gleichzeitig wurde auch über den Stapel in Brügge und über den Waffenstillstand der wendischen Hansestädte mit Holland und Seeland verhandelt — formell getrennt mit den Hansen konferieren, der Statthalter an der Spitze der Burgunder; tatsächlich blieben sie in engem Einvernehmen. Darum brachte auch der Abschluß eines zehnjährigen Waffenstillstandes zwischen Frankreich und der Hanse im August 1473 einen größeren Eindruck hervor, als seiner wahren Bedeutung entsprach; er bestärkte nur die Alliierten in ihrem Verlangen, mit der Hanse zum Abschluß zu kommen. Sie waren einig, den Krieg nicht wieder aufleben zu lassen. Im Juli und September 1473 fanden in Utrecht unter großer Beteiligung die Hauptberatungen statt, bei welchen die Hansestädte durch Gesandte von Lübeck, Hamburg, Danzig, Dortmund, Münster, Kampen, Deventer und Bremen, sowie durch Abgeordnete ihrer Kontore in Brügge, London und Bergen vertreten waren. Im Februar des nächsten Jahres ist ebendort der endgültige Friede abgeschlossen worden, der in den nächsten Monaten von England und der Hanse ratifiziert wurde.

Nur die wichtigsten und für die augenblickliche und dauernde Bedeutung des Friedenswerkes charakteristischen Erörterungen, Beschlüsse und Bestimmungen mögen hier in Kürze bezeichnet werden. Für die Engländer konnte die Frage eigenen Schadenersatzes nicht ernstlich in Betracht kommen; um so mehr hielten sie fest an einer Gewährleistung ihrer alten Ansprüche auf freien Handelsverkehr in Preußen. Die Hanse ihrerseits wich nicht von ihren früheren Forderungen: Ersatz für alten und neuen Schaden, Widerruf des Urteils gegen die Hansen in England nebst Satisfaktion, endlich als neue, unerläßliche Friedensbedingung: Bestrafung Kölns für seinen Abfall von der Hanse. Der Sache nach sind die Forderungen der Hanse im wesentlichen durchgesetzt worden, indem man die Notwendigkeit des Nachgebens unter gefälligen Formulierungen zu verhüllen und der Vergessenheit zu übergeben sich bemühte. Die alten Privilegien wurden der Hanse in vollem Umfange erneuert und bestätigt. Als Rekompensation aller Verluste, welche die Hanse bisher durch England erlitten, bewilligte Eduard für die nächsten Jahre den Hansen einen Erlaß der unter dem Namen der Custume bestehenden Zölle im Gesamtbetrage von 10000 Pfund Sterling. Den formellen Widerruf des Urteils erlangte die Hanse nicht. Aber nicht nur daß die fernere Rechtswirkung des Urteils aufgehoben wurde, wie denn überhaupt alle aus den gegenseitigen Beschädigungen erwachsenen alten und neuen Ansprüche und Prozesse der beiderseitigen Untertanen niedergeschlagen wurden: als Ersatz und Genugtuung für das ihr zugefügte Unrecht und die ihren Kaufleuten in England widerfahrene Schmach, als Sühne für die Feindseligkeiten der englischen Kaufleute und besonders der Hauptstadt, wurden der

Hanse die Stalhöfe in London, Boston und Lynn zu dauerndem Eigentum überwiesen. Es mag nicht unerwähnt bleiben, daß diese und die gleich zu erwähnenden Zugeständnisse zum Teil erreicht wurden durch stufenweise Herabminderung der von der Hanse ursprünglich geforderten Summe von 25 000 Pfund auf jene 10 000. Den Engländern gelang es, in dem Vertrage dem Wortlaut nach ihren alten Anspruch auf Handelsfreiheit in Preußen aufrechtzuhalten. Da indessen Danzig den Frieden nur annahm unter der Bedingung, daß die Engländer nicht größere Rechte in Preußen als andere fremde nichtpreußische Kaufleute genössen, also dem gleichmäßig strengen Fremdenrechte unterworfen sein sollten, blieb der Erfolg der Engländer auf dem Papier.

Wenn man absieht von anderen, minder wichtigen Angelegenheiten, welche der Friede regelte, wie das Verfahren der Zollbeamten, Schiffbruch, öffentliche Wage, Verzapf von Rheinwein u. a., blieb als letzter Prüfstein der entschlossenen Friedfertigkeit Englands die Abrechnung mit Köln. Schon während der Verhandlungen in Utrecht erkannte Köln den Zusammenbruch seiner Sonderpolitik und die schmachvolle Niederlage, die es sich selbst bereitet. Sein Versuch, nur seinen eigenen Vorteil zu erreichen und sein Glück zu machen bei Burgund und England, scheiterte an der Unzulänglichkeit der Politik der „heiligen" Stadt, welche in den hansischen Angelegenheiten sich von den Ratschlägen und dem Eifer einiger begabter, aber kleinlich-befangener Persönlichkeiten hatte bestimmen und hinreißen lassen. Wenn Karl von Burgund die Stadt in ihrem erbitterten Streite mit dem Brügger Kontor obsiegen ließ, hoffte er wohl schon damals auf Erwiederung dieser Gefälligkeit bei der Ausführung seiner politischen Pläne. Mit der Schutzherrschaft über das Erzstift Köln wollte er auch dessen freie Hauptstadt in den Bereich seiner Herrschaft ziehen. Seit dem Jahre 1473 war daran kein Zweifel. Der Gegensatz Kölns zu Burgund bestand in voller Schärfe, als der Kaiser nach dem Abbruch der mit Karl in Trier gepflogenen Verhandlungen sich nach Köln begab. Karl hatte bei den Utrechter Beratungen keinen Grund mehr, das ganze Gewicht seines Ansehens bei den auf Köln erzürnten Hansen zugunsten der Kölner einzusetzen. Und darum mußte auch Eduard nachgeben. Es hieße ehrlichen Beteuerungen unnötigerweise mißtrauen, wenn man die peinliche

Empfindlichkeit Eduards und der Engländer in dieser kölnischen Sache verkennen und geringschätzig beurteilen wollte. Aber die Not erzwang die Entscheidung. Die Hansen forderten den Ausschluß der Kölner von den Privilegien und vom Stalhofe. Sie verlangten kurz, Eduard möge wählen zwischen ihnen und den Kölnern, den „Zerstörern" der Hanse. Sie erklärten, daß Köln, wie es ja der Fall war, bereits aus der Hanse ausgeschlossen sei; nicht eher als bis es sich mit der Hanse ausgesöhnt, dürfe es mit der Hanse in England irgendwelche Gemeinschaft haben.

Man fand den Ausweg, in den Hauptvertrag, ohne Nennung des Namens der Kölner, die Bestimmung aufzunehmen, daß eine von der hansischen Tagfahrt oder freiwillig aus der Hanse gestoßene oder geschiedene Stadt auf Anzeige bei England dort ohne weiteres bis zur vollzogenen Aussöhnung mit der Hanse als unprivilegiert und unfähig zur Erwerbung gleicher oder größerer Privilegien betrachtet werden sollte. In einem Nebenvertrage wurde diese Norm ausdrücklich auf Köln spezialisiert. Weder die Fürsprache des Kaisers noch die Ermahnungen des von ihm zum Schiedsrichter bestellten Erzbischofs von Trier noch die inständigen Bitten Kölns vermochten eine Änderung zu bewirken. In der Mitte des Jahres 1474 mußten die Kölner den Stalhof in London verlassen, in welchen die anderen Hansen ihren Einzug hielten. Feuer und Wasser könne man nicht an Einen Ort zusammenbringen, schrieb Eduard dem Kaiser. In denselben Wochen, als die Kölner die seit Jahrhunderten von ihnen bewohnte Gildhalle räumten, in welcher sie einst sogar die Herren gewesen, ließ Karl von Burgund als Vorspiel des offenen Krieges gegen Köln in allen Provinzen seines Reiches die Güter der Kölner beschlagnahmen. Wenn gerade die beiden Länder, mit welchen die Kölner mehr als mit anderen seit alters die lebhaftesten und gewinnreichsten Handelsbeziehungen unterhielten, gleichzeitig das gewohnte Freundschaftverhältnis abbrachen, läßt sich ermessen, daß die moralische und materielle Niederlage der großen Rheinstadt nicht vollständiger sein konnte. Köln hat sich, nachdem es mit mächtiger Anstrengung und mit Hilfe des Reiches den Angriff des Burgunders glücklich abgewehrt, mit den Hansestädten ausgesöhnt auf der Tagfahrt zu Bremen im Spätsommer 1476. Aber die Folgen des Zwistes mit der Hanse, des Krieges mit Burgund und der peinvollen Behandlung in England hat es während der ganzen Dauer seiner Zugehörigkeit zur Hanse und seiner reichsstädtischen Selbständigkeit nicht verwunden.

Obgleich der große Erfolg, welchen die Hanse im Frieden von Utrecht errang, zum nicht geringen Teil sich erklärt durch die von der politischen Gesamtlage bestimmte und einen gründlichen Ausgleich mit der Hanse fordernde Haltung der burgundisch=englischen Allianz, wäre doch nichts ungerechter, als den Anteil der Hanse an diesem Siege gering zu veranschlagen. Trotz einzelner innerer Zwiespältigkeiten hatte die Hanse im Kriege mit England im wesentlichen ihre Einigkeit bewahrt, die Seefehde gegen England durchgeführt, bis dieses den ersten Schritt zur Versöhnung tat, den König Eduard persönlich zu Dank verpflichtet, durch geschickte Behandlung des reizbaren und herrischen Burgunder=herzogs einen Anspruch auf Berücksichtigung ihrer Anliegen in England erworben und endlich die Gunst der Lage rechtzeitig und allseitig auszunutzen verstanden. Der Friede von Utrecht war ein Triumph der lübischen Politik und der unter Lübecks Führung geeinten Hanse. Von den Verträgen der Hanse mit England hat keiner, soweit die fortschreitende Entwicklung der Völker die Dauer=haftigkeit von Verträgen zuläßt, in wichtigen Fragen eine so feste Grundlage für die Hanse und ihre Stellung in England geschaffen wie dieser Friede, dessen sichtbarste Errungenschaft, die Erwerbung des Eigentums an den Stalhöfen in London, Boston und Lynn, die Hanse selbst überdauert hat.

Printed by Libri Plureos GmbH
in Hamburg, Germany